德國在那裏？

——聯邦德國四十年

政治・經濟篇

許琳菲
郭恒鈺 等著

三民叢刊 19

三民書局印行

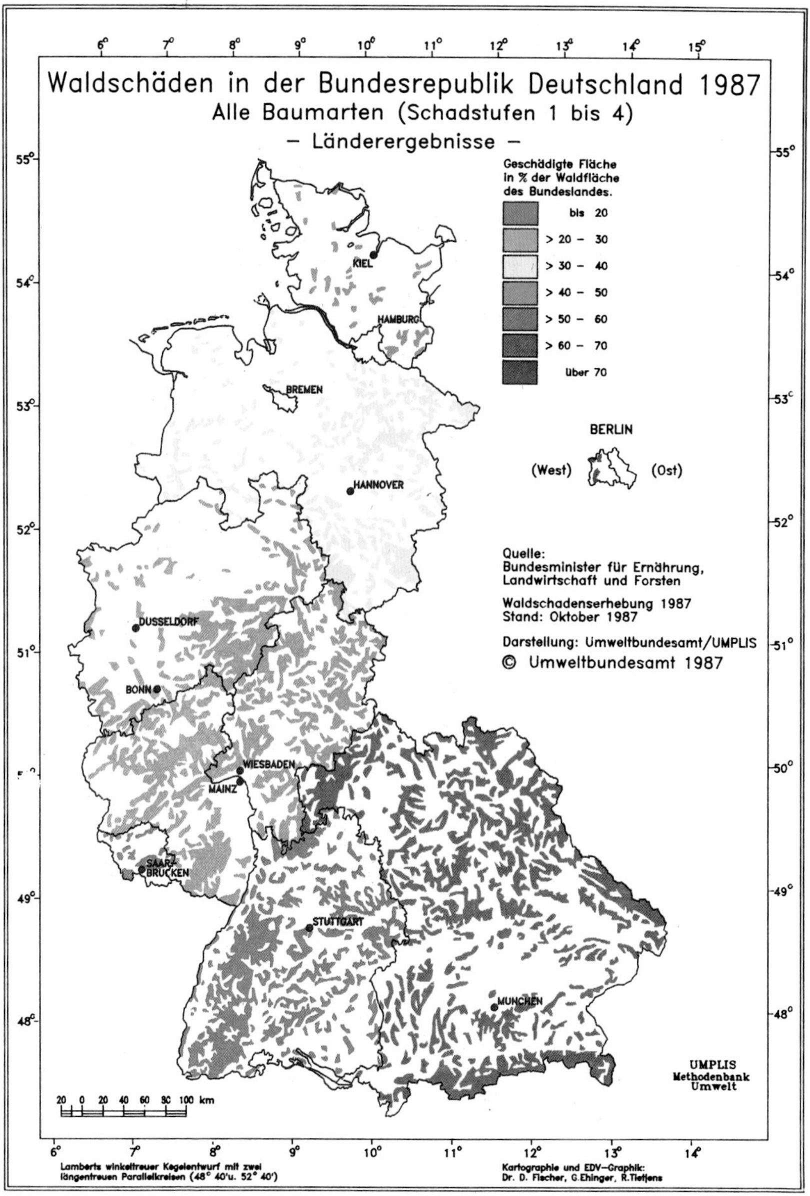

圖 1　1987年聯邦德國森林受害情況，統計包括所有樹種和全部受害級別（1至4級）。

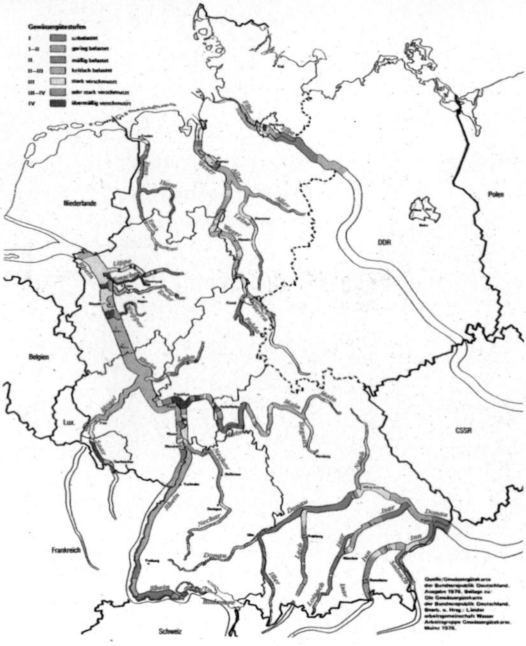

圖 2　1975年西德水域質量分布圖

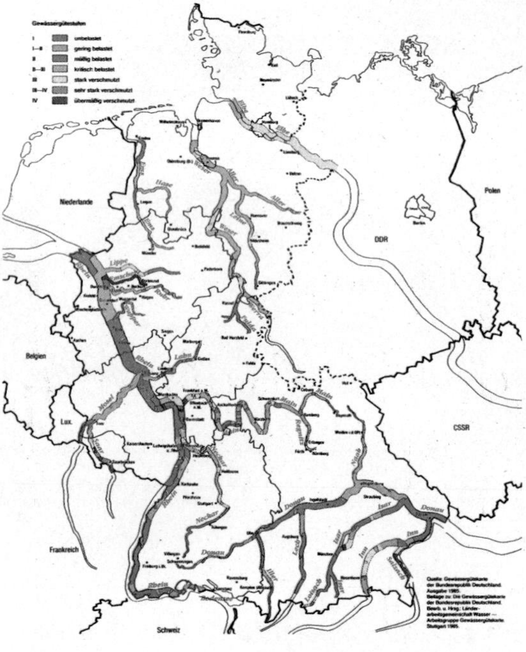

圖 3　1985年西德水域質量分布圖

序

郭恒鈺

「德國在那裏？」這是法國大革命以後，一直困擾德國人的一個歷史問題。它有兩層意義：領土與祖國。

作家席勒（Friedrich von Schiller, 1759-1805）在一七九六年就指出：「德國？它在那裏？我找不到那塊地方。」詩人海涅（Heinrich Heine, 1797-1856）也提出同樣的問題：「德意志從那裏開始？到那裏為止？也許人們祇能指出，德意志人能喝啤酒……」在一八三〇年，當民族運動進入高潮的年代，大文豪歌德（J.W. von Goethe, 1749-1832）痛苦地說：「我們沒有一個城市，甚至沒有一塊地方可以使我們堅定地指出：這就是德國！如果我們在維也納這樣問，答案是：這就是奧國！如果我們在柏林提出這樣的問題，答案是：這裏是普魯士！」哥德把他出生的城市法蘭克福視為他的「祖國」也就不足為奇了。當一八四八年在德國發生三月革命的時候，梅特涅（Klemens Wenzel Lothar Fürst von Metternich,

1773-1859），這個堅決反對德意志人建立一個統一的、民族的國家的奧國侯爵，認為有一個德意志民族的說法，根本就是神話；「德國」不過是一個地理上的概念而已。

在納粹年代，稱薩克森王亨利一世從九一九年到九三六年的王朝為「第一帝國」，稱一八七一年由俾斯麥一手建立的德意志帝國為「第二帝國」。納粹黨人認為，這兩個帝國都未能完成它的歷史使命：在德意志人應有的領土上建立一個強大的民族國家。（至於威瑪那一段，共和共產，喪權辱國，就更不必提了。）但是，希特勒的「第三帝國」（從一九三九年起，納粹政府明令禁止使用「第三帝國」這個稱呼，改國號為「大德意志帝國，Großdeutsche Reich」。）給德意志民族帶來的則是國家的一分為二，領土的四分五裂。戰後聯邦德國的外交與內政，多多少少都與領土、疆界這個歷史包袱有關。一直到一九九〇年十月三日兩德統一、同年十一月十四日聯邦德國與波蘭外長簽署德波邊界條約之後，「德國在那裏？」這個歷史問題才獲得解決。至於德國人的祖國在那裏？那又是另外一個歷史課題了。

第二次世界大戰後，直到八十年代初期，由於諸多因素（諸如語言、人際關係），留學德國的中國學生不多，而學社會科學的人更少。國人對德國的興趣不高，也相當陌生。最近十多年來，情況改變，尤其是大陸留學生人數逐年增多，僅統一前的西柏林一地就有千人左右。這也說明為什麼本書十一位在西柏林深造的著者中，有九位是大陸的年青學者，僅有兩位來自臺灣。

最近幾年來，由於兩岸關係不斷發展、互動，在臺灣討論「德國模式」及聯邦德國基本法的言論，經常見諸報章；人們開始注意西德的政經發展，特別是它與東德的特殊關係。一九八九年五月，是聯邦德國成立的四十週年。年初開始組稿，計畫出版一本從政治、經濟、文化方面介紹聯邦德國的書。但是當時沒人想到，當這本小書與讀者見面的時候，東西德國已經統一了。

撰稿的年青學者及編者，深切希望這本小書對認識聯邦德國能有些許幫助，並請讀者指正。

德國在那裏——政治・經濟篇

前言

許琳菲

第二次世界大戰後，資本主義經濟之發展速度以日本和德意志聯邦共和國首屈一指。他們在戰後的廢墟上重建了家園，經過四十年之努力，已發展成舉世矚目的經濟強國，使世人對他們的興趣與日俱增，研究他們的成功經驗必是一件十分迫切而具意義的工作。

一九八九年底，隨著柏林牆的倒塌，東西德統一的步伐正以前所未有，出人意料的迅速大步向前，東西德分裂意義上的聯邦德國將成爲德國歷史上一特定歷史概念的時候，編寫這本書的想法便如火苗日趨旺大，最終興師動衆，實幹了起來。

要研究聯邦德國之成功經驗，必先了解其各方面的具體發展。所以，本書之宗旨首先是向讀者較爲全面地介紹聯邦德國各個重要領域的發展情況，包括發展歷史和現狀。因爲只有在此基礎上，進一步的研究探討才成爲可能。

對整個德國歷史作一簡單粗線條的回顧，一定有助於我們對聯邦德國背景之了解。

德意志民族的產生據說是經過了許多個世紀。「德意志」這個名稱大概是在公元八世紀才出現的，最初先是指在法蘭克帝國東部地區的一種語言，後來也指講這個語言的人，最後才擴大到他們居住的地區——「德意志國」。

由於德國內部各種勢力之紛爭阻礙了德國成爲一個民族國家，使德意志人成爲一個「後起民族」。雖然德國也經歷了城市的興起、宗教革命、法國大革命時代和一八四八年歐洲革命，但德國卻始終處於邦國林立的分裂狀態，嚴重阻礙了其社會、經濟的發展，直到一八七一年，由新興的普魯士完成了德國統一，以普魯士爲中心各邦聯合成立德意志帝國。從此德國政治、經濟等各方面迅猛發展，並走上了戰爭道路。第一次世界大戰後，戰敗的德意志帝國信譽掃地，成立了魏瑪共和國，但魏瑪共和國好景不長。一九三三年一月三十日，希特勒的上臺意味著魏瑪共和國之結束，也意味著魏瑪自由民主制度的壽終正寢。希特勒試圖征服歐洲，將德國導向再一次戰爭。然而德國卻遭到了歷史上最大的失敗：大多數城市成了廢墟，四分之一的住房被毀壞或重創，經濟和交通癱瘓，生活必需品匱乏。幾百萬德國人成了俘虜，幾百萬人遭轟炸而無家可歸，幾百萬人被驅趕……德國的前景暗淡憂人。

美蘇英法四國根據一九四四年的倫敦會議紀要和一九四五年的「波茨坦協定」，把戰敗的德國分區佔領，首都柏林也由四國分區管制。一九四九年五月在美英法合併的西佔區通過了基本法，宣布成立德意志聯邦共和國，九月建立了聯邦政府。同年十月，蘇聯佔領區內成立了德意志民主共和國。從此，一條一、三七八公里長的邊界線把德國分爲兩個國家。

本書要介紹的卽爲邊界線以西的聯邦共和國。聯邦共和國面積爲二十四萬八千七百零八平方公里，南北最遠相距八六七公里，東西長爲四五三公里。根據地理外貌和高度，可以由北向南劃分爲三大地理區域：北德低地、中部山地以及阿爾卑斯山麓和前沿地帶。這三種地形使聯邦德國地形異常多樣，配上浪漫主義色彩十足的古老城市建築，整個景觀秀麗迷人。再說，德國氣候屬涼爽的溫帶，降雨分布在一年四季；西北部爲夏季不太熱，冬季不太冷的海洋性氣候；東南部雖屬大陸性氣候，但也沒有像東南亞地區那樣的夏天熱浪冲天，冬天低溫多雨。難怪有順口溜說：吃在中國，住在德國。

住在德國，一方面確是指德國氣候條件之得天獨厚；更重要的是指這裏生活條件之優越，包括住房、環境、交通等等。以住房條件而言，德意志建築藝術上的輝煌成就固然給房屋建築提供了榜樣，但住房條件之優越更重要的是與普遍的經濟收入有關。

第一次世界大戰結束，魏瑪民主代替了帝國專制，貴族也失去了在社會上的主導地位。代之而起的是工業大資產階級，其中主要是私人經濟界中的高級管理人員以及高級官員、醫生、律師和富農等。這些人構成了社會階層的金字塔尖，而生活艱難的勞動人民仍是屬於金字塔的最底層，佔社會階層的絕大多數。而根據最近三十年對聯邦德國社會階層的調查卻使社會學家得出一個下層大大縮小，中層最大的洋葱型圖像。在表面的生活方式和外觀形象方面，除了極少數的經濟領導層，所有社會集團都大大地接近了，因此有人把這一現象稱作是「拉平了中產階級社會」。在聯邦德國，大約五〇%的雇員有地產或房產。在五十年代前曾是中上層社會地位象徵的小汽車已是絕大部分雇員家中之物。此外幾乎每個雇員都有「應急存款」。當然，無可否認的，大約五分之四的就業人員完全或主要靠出賣勞動力生活，只有一小部分靠其財產的利潤生存。而且，如果一個家庭不是夫婦雙方都參加工作，或有兩個以上的孩子，那麼在很多情況下是很難達到中等生活水平的。

我們還可以用許多筆墨來描述其工業的現代化，其產品之遍及全世界，以及交通之高度發達等等來說明聯邦德國的富裕強盛。可是聯邦德國爲什麼能在戰後廢墟上，經過短短幾十年達到這麼一種民富國盛的景象卻正是此書所試圖作出一些介紹、分析的主題。

由「柏林圍牆」倒塌這一德國統一問題中決定性的日子起，一九九〇年全世界的新聞焦點之一無疑就是德國統一問題。臺灣大學政治系畢業，現在柏林自由大學攻讀政治學博士的姚朝森先生在〈德國的分裂與統一〉一文中爲讀者詳細介紹了這一「德意志問題」的來龍去脈，使讀者對這一近代國際政治的核心問題之一有一清晰的輪廓。

文章把這一問題分成四個階段加以敍述，卽一九四五—一九四九年的德國分裂，兩個德國形成；一九四九—一九六九年的兩國對立時期；一九七〇—一九八九年的談判時期和一九八九年十月以後的大轉變。作者不僅按時間順序交代了戰後德國如何被分割爲四個佔領區，又從四個佔領區演變爲兩個國際法意義上的東西國家，爾後經歷了漫長的四十年之分裂於新近走上統一之路的過程，還向讀者解釋了一些重要歷史名詞概念，如「哈爾斯坦原則」，「柏林危機」等，也介紹了在德國統一問題上起過決定性作用的重要人物。更重要的是作者把「德國統一問題」放到國際政治大環境中，並不是孤立地敍述「德國統一問題」，而是把它作爲國際政治中之一環。於是，呈現在讀者面前的就不僅是在臺前上演的德國統一之過程，而且讀者也能看到這一統一問題背後之錯綜複雜的國際關係。

德國統一之成功，不可能使國際唯一僅存的兩個分裂國家：南北韓和中國大陸與臺灣無動於衷。南北韓近來互送秋波，中國海峽兩岸更是熱衷於討論統一模式問題。郭恆鈺教授撰寫了〈兩德統一與「西德經驗」〉一文，介紹兩德統一經驗。

德國統一，原民主德國劃爲五個州加入聯邦德國。爲了讓讀者對目前聯邦德國各州有一全面了解，我們在本書附錄中加了〈聯邦德國各州簡況〉，其中薩克森州（Sachsen）最近被宣布爲「共和國（Freistaat）」。爲了使讀者更好理解這一概念，我們在此特將這一名詞作一翻譯與解釋。

在老的詞典裏簡單地稱：Freistaat——德文意爲共和國。也卽指一個國家政體，在這裏國家主權不屬於專制統治者一人，而是授予領導階層（貴族政體），或者授予全體國民（民主政體）。一九一八年革命以後，普魯士、巴伐利亞、薩克森、麥克倫堡以及幾個已經不復存在的小州在他們的憲法中宣布爲共和國。黑森州自稱爲「人民國家（Volksstaat）」，符騰堡州自稱爲「自由人民國家（freier Volksstaat）」，巴登州稱爲「共和國（Republik）」。因此Freistaat這一概念指的是由民主憲法規定之共和國。不過，管部長叫國家部長，州政府稱爲國家政府。一九八五年海德的國家概念中引用了巴伐利亞的例子：在巴伐利亞，這個共和國政治領導在「特殊意義」上是合理的，卽對外贏得了威望。由此可見，共和國意義上之「Freistaat」這一概念被巴伐利亞曲解爲一種要求，「freier」被看作是巴伐利亞較聯邦共和國的其他成員國有更多的自由。

這次薩克森繼巴伐利亞之後成爲聯邦德國的第二個共和國（Freistaat）是德國基督教民主聯盟和社會民主黨的共同主張。但薩克森州被譽爲共和國並不使它具國家權力意義。

如今，兩個德國完成了和平統一，實際上當然是由西德統一了東德。那麼，爲什麼西德能夠統一東德，而不是由東德統一西德呢？甚至有人毫不客氣地說，是西德用馬克將東德買過來了。此話固然有失偏面，但也給我們一個啓示，即東西德以目前這種形式統一，無疑跟兩國的經濟實力之差距有密切關係。但進一步來看，這也是社會主義經濟制度與市場經濟制度競賽的結果。於是，我們就又回到了本書的主題。我們就不得不把目光重重地投注於西德繁榮的經濟，戰後西德的經濟發展卻響噹噹地成爲與日本齊名的世界「奇蹟」。

〈戰後西德經濟——從戰後廢墟到世界工業強國〉一文由原執教武漢大學，現柏林自由大學攻讀博士學位的張勝洋先生撰寫，作者從西德的社會經濟制度和「社會市場經濟」在戰後西德經濟實踐中的運用，及產生的客觀效果這兩方面入手，詳細地介紹了聯邦德國在短短幾十年時間內，從一片戰爭廢墟發展成爲世界工業強國之一的國民經濟總體發展。在論述戰後西德經濟問題上，我們爲什麼將不去評論是哪一種社會制度好的問題，因爲從戰後西德推行的「社會市場經濟」來看，旨在將實現經濟增長與達到社會進步統一起來。

「社會市場經濟」固然是將聯邦德國從戰後的經濟混亂中拯救了出來，使聯邦德國經濟到五十年代達到了其黃金時代。從一九五〇年到一九六六年，實際國民生產總值翻了近兩番；人均國民收入從一、六〇二馬克上升到六、三七五馬克，增加了近三倍，而生活費用指數上提高了約四三%；並基本達到完全就業。但是，這種經濟政策在一九六六——一九六七年聯邦德國歷史上的第一次經濟危機中卻顯得束手無策。不得不使聯邦政府搬來已經過時的凱恩斯主義經濟政策來拯救危機中的德國經濟，西德經濟得以重新復甦。其後雖也經歷了世界石油危機的沉重打擊，經濟增長下降，但一九八二年聯邦大選後，政府易人，推行了以供給爲主的經濟政策，經濟狀況得以重新恢復。

對於像聯邦德國這樣能源缺乏的國家而言，經濟的發展嚴重地依賴於對外經濟。因此，作者將「聯邦德國的對外經濟關係」特列一章節加以介紹。從中我們可以看到，在這高度發展的現代社會中，一國的經濟是如何地與國際經濟息息相關，一國經濟如何地可以借助於對外貿易來發展自己的本國經濟。其中之成功經驗足以我們借鑑。

張勝洋先生的文章爲我們描繪了聯邦德國經濟發展的宏觀圖面。斯圖加特大學農學博士由振國先生則從農業這一單方面向我們介紹了聯邦德國不僅是一個工業強國，而且具有高效率的農業。

聯邦德國的農業雖然是歐洲共同體中農業比重最低的國家。但聯邦德國的農業生產不僅滿足了西德八〇%的食品需要量，還爲國家提供了豐富的工業原料和外來勞動資金，推動了其他產業的發展，緩解了失業等社會問題，對西德的國家安定和經濟持續增長起了不可或缺的作用。

工業化固然給我們帶來了數不盡的好處，但也給人類環境帶來深刻的災難。由工業化引起的環境污染是危脅人類生存與發展的全球性問題，遺憾的是環境保護問題一直到工業化開始後的一個多世紀以後才引起人們的重視。但環境問題只能依靠技術而不能摒棄技術來加以解決。現在柏林工業大學攻讀博士學位的王卯輝先生爲本書撰寫了〈聯邦德國的環境保護〉一文。文章從環境保護的發展簡史入手，突出介紹了聯邦德國環境保護政策。對高度工業化的聯邦德國來說，環境保護不僅是生態理智，而且也是經濟理智的要求，聯邦政府將保護大自然的生活基礎當作當代最重要的任務之一。科爾總理在一九八七年的政府聲明中強調指出：「我們要把環境保護作爲國家的目標寫進基本法」。因此，政府將環境保護、保障和平以及穩定經濟作爲該屆政府的施政綱領。而環境保護被列首位，足見聯邦政府對環境保護之重視。

　　但環境保護本身從全球範圍來講還處於起步、摸索階段。於是，王卯輝先生從空氣、噪聲、水域、土地、廢料消除等各方面詳細介紹了聯邦德國環境保護之現狀。聯邦德國在環境保護方面並不是無可指責的，許多方面人們仍在進行努力和摸索，但就其成功度來說已走在世界前列，就其公民的環保意識來說也是相當令人刮目以待的，公民普遍的環保意識主要歸功於環境保護的宣傳。對此，本文也作了詳細說明。其中之成功經驗值得我們仿效。尤其是對中國這樣一個公民還沒有足夠的環保意識的國家來說，了解他國的環境保護當更是意義重大。

經濟的高度發展使科學、文化、教育事業的發展成爲可能。反過來，科學、文化、教育事業的發展又是經濟發展的基礎。上海譯文出版社的鐘滙涓女士，柏林自由大學攻讀哲學博士的孫善豪先生，中國音樂家協會會員、上海音樂學院林華教授和浙江大學教師高玉龍先生分別擔任了本書文學、思想、音樂和教育等方面的寫作。滙涓女士還親自翻譯了若干首詩作。

在前面德國歷史的簡短回顧中，我們理應提到，如十八世紀末到十九世紀初的康德，其批判主義着實地劃開了古代哲學與現代思想的界線；歌德，他的作品並不限於魏瑪侯國的狹小範圍，他的成就不但提升了德國文學的水平，也提高了歐洲文學的水平，更是全世界的精神財富；馬克思，他否定資產階級的生產結構及理論，確立了社會主義的理論基礎，從而根本上改變了持續一千多年的思想法則；……等等這些爲德國歷史增輝的名字。但我們沒有忘記此書的範圍和篇幅。所以，雖然思想、文化、音樂等方面有其突出的繼承性，本書這些方面的內容仍是僅限於聯邦德國建國以來的發展情況。

在敍述聯邦德國各項成績的同時，我們沒有忘記聯邦德國這麼一個民主國家之所以能夠長期穩定、繁榮的基礎，卽議會民主制政黨國家之國家政治以及頗有承載力的法律制度。原北京大學教師、現攻讀博士於柏林自由大學的連玉如女士和復旦大學唐壘先生分別爲我們介紹了聯邦德國的政治與法制。連玉如女士簡要地介紹了聯邦德國政治體制的形成和運行，其中詳細敍述了聯邦德國政黨體制的形成、演變與發展，使我們對聯邦德國政治舞臺上幾個最主要的活躍的政黨有所了解。作者更是分析了聯邦德國四十年政局發展基本穩定的原因以及九十年代所面臨的挑戰。

唐壘先生從聯邦德國立國之本——基本法入手，詳細地介紹了四十年聯邦德國法制各個領域的概況，包括民法典、其他私法領域、其他公法領域、經濟法、程序法等等，最後還強調了聯邦德國法學教育之成功。

郭恆鈺教授的〈未知的文化力〉介紹了戰後德國的新聞理論，但在本書的各項內容裏或缺了我們本願想寫的聯邦德國之「大衆傳播」和「社會保險」兩部分，而大衆傳播和社會保險，尤其是後者在聯邦德國是取得不少成績的。因此，我們只能在概論裏對此簡略作一介紹，以使本書更爲全面。

有人把新聞界（從廣義上講指一切大衆傳播）稱作爲議會、政府和司法以外的「第四種權力」。現代社會的大衆傳播確實擔任著極其重要的任務，他們應使公民們了解各個領域中的複雜發展情況並幫助他們了解和監督議會、政府和行政部門的工作。聯邦德國基本法第五條就此保證言論自由、新聞自由以及從所有公開渠道了解情況的權利，在這個國度不存在言論檢查制度。

德國人可以算作是最喜歡看報的民族之一，五分之四的德意志聯邦公民每天看報，每天銷售日報數破二千一百萬份。只有大約五％的居民不接觸任何報刊雜誌。因此，在電視出現以後，報紙在聯邦德國的「大衆傳播行業」中仍能保持其地位。多項民意測驗表明，大多數公民首先從電視中得到政治信息，然後通過看報加深認識。在整個聯邦地區發行的預訂報有保守的《世界報（*Die Welt*）》和保守、自由的《法蘭克福滙報（*Frankfurter Augemeine Zeitung*）》。全國性的日報還有自由的《南德意志報（*Süddeutsche Zeitung*）》和自由偏左的《法蘭克福評論（*Frankfurter Rundschau*）》。

面對信息繁多複雜的讀者可以在政治周刊上尋找到能說明事情背景的概括、評論等。這種政治周刊中有代表性的要數屬自由主義的《時代(*Die Zeit*)》周刊，屬保守的《萊茵信使（*Rheinische Merkur*）》周刊。值得重點介紹的是新聞雜誌《明鏡（*Der Spiegel*)》周刊。它在德意志聯邦共和國新聞界中獨樹一幟。它原來是模仿美國新聞雜誌《時代》周刊的。由於它的「揭露」和有時較辛辣的批評，《明鏡》周刊樹立了不少敵人。而正是由於這一特色，使它擁有廣大的讀者，尤其受青年大學生們的歡迎。

另外還有各種期刊。在聯邦德國出版的期刊約有九、五〇〇種，這些刊物中有消遣性、專業性、工廠刊物、公司刊物以及顧客刊物等，其印刷數量大小不一。

屬於大衆傳播的自然還有廣播和電視。就像聯邦德國的報業掌握在私人企業手中一樣，聯邦德國的廣播和電視也並不掌握在國家手中。

德意志聯邦共和國有九個州廣播電視臺，兩個聯邦法電臺(德國電臺—Deutschlandfunk和德國之聲—Deutsche Welle）以及以各州間簽訂的國家協議爲基礎的德意志電視二臺—ZDF(參見表一)。德國電臺和德國之聲的任務是以廣播節目全面介紹德國的情況。它們用德語和數十種外語播放節目。各州廣播電視臺共同參加德國公法性廣播電視臺工作組(ARD)。它們播放幾套廣播節目，還合辦一套電視節目——「德意志電視臺(Deutsches Fernsehen)」，人們一般稱其爲「電視一臺（Erstes Programm)」，在整個聯邦地區都能收看到。此外，它們還製作地區性的「第三套電視節目（Drittes Programm)」。而設在美茵茨（Mainz）的德意志電視二臺是純粹的電視臺，它向整國聯邦地區播放「第二套電視節目（Zweites Programm)」。

長期以來，公法性廣播電視臺壟斷了廣播電視業，只有它們才能錄製節目。各公法性廣播電視都實行自治原則。三個最主要的自治機構是：一、廣播理事會或電視理事長。它由所

表一：公法性廣播電視臺

巴伐利亞廣播電視臺	Bayerischer Rundfunk	慕尼黑
黑森廣播電視臺	Hessischer Rundfunk	法蘭克福
北德意志廣播電視臺	Norddentscher Rundfunk	漢堡
不來梅廣播電臺	Radio Bremen	不來梅
薩爾蘭廣播電視臺	Saarländischer Rundfunk	薩爾布呂肯
自由柏林電臺	Scuder Freies Berlin	柏林
南德意志廣播電視臺	Süddentscher Rundfunk	斯圖加特
西南電臺	Südwestfunk	巴登巴登
西德意志廣播電視臺	Westdeutsches Rundfunk	科隆
德國之聲	Deutsche Welle	科隆
德國電臺	Deutschlandfunk	科隆
德意志電視二臺	Zweites Deutsches Fernsehen	美茵茨

有重要的政治、社會和宗教團體的代表組成。它處理廣播電視臺原則問題及選舉臺長。二、管理理事會監督廣播電臺的日常業務工作。三、臺長負責領導整個業務工作，包括節目安排。

這種自治保證了廣播電視臺獨立於國家機構，但它並不等於就保證了不受政治所影響。雖然各監督機構不全由各政黨派人，但在其中形成了一種黨派比例，這種比例在安排廣播電視臺的重要職位，如臺長、節目主任、總編輯等的時候起了特別的作用。

到了八十年代，私營廣播事業逐漸發展，出現了公法廣播事業和私營廣播事業協調共存的「雙軌廣播制」。根據一九八六年聯邦憲法法院作出的決議，公法性廣播負有「基本廣播」的任務，而私營廣播負有「補充廣播」的任務。私營廣播播送的節目由衛星傳播並可在全聯邦境內通過電纜接收。目前，已有越來越多的家庭能收看許多私營電視臺播送的電視節目。兩個最重要的私營電視臺是“RTL plus”和“SAT 1”。這兩個電視臺播送全套的消遣、文化和知識性節目，在一定程度上彌補了公法性電視臺電視節目的單調古板這一缺點。它們還播送一系列外國電視節目。這類私營電視臺由企業財團經營，其中的參加者主要是出版界企業。這些電視臺僅靠廣告收入維持，在目前這種起步階段經營還是虧損。但自八十年代中葉以來，私營廣播電視在聯邦德國越來越重要，並繼續呈這種發展趨勢。

公法性廣播電視臺費用則主要來自廣播聽衆和電視觀衆繳納的廣播電視費，另一部分資金來自廣告費。也就是說，在聯邦德國，擁有電視或收音機是需要向有關部門登記並定期繳費的。有意思的是，許多外國學生和居民並不清楚在聯邦德國還有這麼一條規定，他們「毫無顧忌」地擁有電視機和收音機，卻「大模大樣」地不繳半分錢，除非檢查機關抽查到，他們才會「大夢初醒」。

公法性廣播電視節目並不能說是十分的豐富多采、生動活潑。一般每個州廣播電視臺安排二至四套互相陪襯的廣播節目。其中包括娛樂、音樂、政治、體育、地方性報導、廣播劇、廣播歌劇等節目。大多數電臺還播放科學和文化節目。專門爲外籍工人安排的節目用各種語言廣播。廣播電視臺所屬的樂隊、合唱團和巴蕾舞團在很多城市的文化生活中起著重要作用。有關這方面，我們在〈聯邦德國音樂〉一文中會有詳細介紹。

在電視一臺和電視二臺中，政治性報導、國內外的時事記錄以及電視劇、電影和娛樂性節目佔有很大的比重。爲了報導國外情況，電視一臺和電視二臺擁有廣泛的記者網，在許多國家擁有自己的電視演播室。第三套電視節目由德國公法廣播電視臺工作組按地區播送。這些節目更多地突出地方特點，並詳細地報導各州的政治情況和地方文化生活。各第三套電視節目在教育方面起著重要的作用。它們大多數定期播放學生節目。此外，有各種教育途徑的進修講座。有關廣播電視在教育方面起到的作用，將在〈教育篇〉作詳細的敍述。

前面提到聯邦德國的廣播電視節目在趣味生動性方面，以個人觀點稍有欠缺，但其在時事新聞方面的內容卻令人佩服地快而準。這一方面要歸功於新聞自由的原則，另一方面也要歸功於信息管道。這些大衆傳播不僅通過自己的記者，而且也通過國內外通訊社取得信息。除了漢堡的德意志新聞社（dpa）和波恩的德意志通訊社（ddp）外，還有設在法蘭克福的美聯社（AP）、波昂的法新社（AFP）和波昂的路透社也出版德文新聞稿。教會通過法蘭克福的新教新聞社（epd）和波昂的天主教新聞通訊社（KNA）主要報導教會生活中的新聞。法蘭克福的聯合經濟新聞社（VWD）和杜塞爾多夫的體育新聞社（sid）提供重要的專門新聞。此外，黨派、雇主和雇員組織以及許多協會和組織通過自己的新聞處或信息處向大衆傳播媒介提供信息。

這裏要補充的第二個方面是聯邦德國的社會福利事業。聯邦德國不僅是一個高度發達的工業強國，也是一個社會福利、社會保障方面較某些發達資本主義工業強國來得完善的國度。

基本法規定，德意志聯邦共和國是一個實行民主和社會福利的聯邦制國家。福利國家的原則是對傳統的法治國家概念的一個現代化的補充。它使國家承擔義務保護社會上的困難者，並不斷努力維護社會公正。雖然基本權利的條約沒有明文提到基本社會權利，即工作權、受教育和培訓權、居住、休假和受到社會救濟的權利，但福利國家的原則向立法和司法機構提出了實現社會公正的憲法要求。爲了達到這些目標，德意志聯邦共和國社會福利法中規定，國家必須及時和足夠地提供必要的社會服務、設施和費用。爲執行這一任務，國家制定了一系列社會福利法，如保障患病、事故和年老時的生活等等。

講到聯邦德國相當成功的社會福利事業，我們還要將功勞歸之於統一德意志帝國的「鐵血」宰相俾斯麥。十九世紀末，統一後的德意志帝國經濟迅速發展，尤其是工業的發展更是突出。工業的發展使產業工人急劇增長，這些產業工人往往無力或幾乎不能添置財產和攢錢應急，一系列問題因此而產生。生活水平低下的產業工人成爲德國工人運動的中堅力量。面對這日益強大的工人運動，俾斯麥軟硬兼施，一方面採取高壓政策，頒布「反社會民主黨人法」；另一方面制定了實質上十分進步的社會福利法來削弱工人運動。這些俾斯麥藉以對付工人運動的社會福利法令，事實上爲現代的社會保險奠定了基礎。

健康保險始於一八八三年法，目前所有的家計負擔者、企業家、雇主，以及領有社會保險金的大部分人，都有義務加入健康保險，以防止因患病而造成經濟困難。承辦健康保險的單位是健康保險公司，如地方保險公司、手工業同業會保險公司、企業保險公司和農業健康保險公司、聯邦礦工健康保險公司和海員健康保險公司。此外還有面向職員的健康保險公司。有義務參加保險和自願參加保險的職員的保險費約爲毛收入的一二・五％。

對參加健康保險的病人來說結帳方法極爲簡便：他只需把健康保險單交給爲他看病的醫生，醫生直接同健康保險公司結算醫療費，這樣病人既不用墊付、又不用結算。只有在少數情況下，病人必須支付一部分費用，例如藥品和換假牙。但各種健康保險公司的具體規定有所不同，有些私人健康保險公司只負擔牙病患者一半的醫療費用，而有些卻除假牙外全部負擔。如需配帶眼鏡的病人，有些私人健康保險公司承擔較高的費用，而有些社會健康保險公司卻較少。休病假必須有醫生證明，每個雇員有權要求雇主照發病假在六周時以內的工資。六周時以外由健康保險公司支付病休補貼。病休補貼爲基本工資的八〇％，最長期爲七十八周。

事故保險始於一八八四年法，適用於所有的雇員、大部分自營事業者以及沒有薪水的家管或家庭主婦等。法律規定，事故保險是爲了發生勞動事故和職業病時提供保護和幫助。承辦事故保險的單位主要是職業合作社。它們分別包括某一地區某一職業部門的所有企業。其資金全部來自企業主支付的保險費。職業合作社有義務公布防止事故和治療職業病方面的規定，並監督其在企業中的實施。參加保險者，因勞動事故受傷或死亡以及在患職業病或因職業病死亡時，可以要求保險公司支付補助金。勞動事故也包括在上下班途中發生的事故。參加保險人若受傷，保險公司承擔全部醫療費用。如果他一時喪失工作能力，他就可得傷殘補貼。如果他終生喪失工作能力，保險公司就支付養老金，如果他死於事故或職業病，則可得親屬撫恤金。這些補貼同退休金一樣隨著社會上收入的變化而變化，以確保領取補貼的人不會因社會上收入提高而相對貧困。

退休金保險始於一八八九年。所有的薪水階級、工匠、職員，以及部分自由業者都有加入保險的義務。退休金保險是聯邦德國社會保障的支柱之一。它保證就業者退休後不至於陷於經濟困難，並保持相應的生活水平。根據法律規定，所有職工以及撫養一歲以下的嬰兒的父親或母親都參加退休金保險。獨立工作者、在企業中協助工作的家屬和家庭婦女可以自願參加退休金保險。在投保者死亡之後，其親屬得到死者退休金的一部分。目前爲毛收入的一八・七%的退休金保險費只繳到一定的限額，並由雇主和雇員各付一半。職工退休金保險公司支付退休養老金和喪失工作能力時的保健金，條件是投保者起碼應參加過保險若干年，但服兵役等屬代替時間也計算在保險等待時間內。一般情況下，年滿六十五歲者可領取退休保險金，但在某種情況下年滿六十三歲或六十歲也可領取退休保險金。婦女必須參加保險的時間短於男子，並在年滿六十歲時可獲退休保險金。退休金的多少視參加保險時間的長短和勞動報酬的多少而定。隨著一九五七年職工保險的修改，退休金被「搞活」了，即如果全體雇員的平均工資增加，退休金也相應增加。

此外，還有礦工和農民的休養特別基金；社會救濟金；供養戰爭受害者的經濟補償；兒童補貼；對租地、租屋者、佃農及小農戶的補助費；對患肺結核等特定疾病患者的補助費等等。

經過多年擴大社會保險系統之後，聯邦德國在社會保障方面所面臨的主要任務是，鞏固社會福利網的財政基礎，限制濫用的可能性。

前言扼要地介紹了選錄的文章之後，需要說明的還有五點：一、本書是在東西德統一前夕編寫的，文章中提到的某些事情的先決條件已經改變。原來屬於東西德國家間的問題現在自然隨著德國統一而成爲國內問題。二、一些專有名詞，包括人名的翻譯上有不同現象，尤其是來自大陸或臺灣的作者更有自己不同的譯法，編者有意未加統一標準，而只是盡量在人名和地名後加上原文。本書面向全體中文讀者，讓讀者了解一些專有名詞的不同譯法也許會有好處。三、每篇文章後附有參考書目，目的是爲了讓有興趣對這一專題作進一步探討的讀者提供一點線索。四、本書由不同作者聯合編寫，其中內容上不免有重複之處，但其側重面不同，故保留之。五、各文中之政治觀點和學術觀點均由各位作者自負。

我們深知，需要介紹的並不僅僅只限於我們書中所有的範圍，即使已經寫到的方面也一定會有缺點、疏漏、甚至謬誤，在此懇切地希望讀者給予批評和指正。

壹、政治

聯邦德國政治

——議會民主制政黨國家

連玉如

德意志聯邦共和國（以下簡稱西德）於一九四九年九月成立，其政治制度從形成到演變發展至今已有四十餘年歷史。

一、西德政治體制的形成與簡況

西德政治體制的形成取決於兩個根本性歷史因素：首先，希特勒德國在第二次世界大戰中徹底失敗和全面崩潰，於一九四五年五月八日宣布無條件投降；蘇、美、英、法四大戰勝國根據戰時區劃議定書分區佔領德國及其首都柏林，總攬一切大權。另外，分別以蘇聯和美國為首的東西方「冷戰」對峙導致了德國的分裂。

希特勒德國的戰敗以及東西方「冷戰」所導致的德國分裂，決定了西德憲制政體具有以下基本特徵：西德憲制政體的建立必須符合和滿足以美國爲首的西方國家政治、經濟、安全方面的利益和需要；新建憲制政體必須避免魏瑪共和國失敗和納粹法西斯專制獨裁統治的歷史重演，同時還必須防範現實存在的「東方共產主義」威脅。德意志聯邦共和國國家根本大法「基本法」的制訂體現了上述基本特徵。

「基本法」是在美、英、法三國佔領當局支持下，由一九四八年九月一日成立的，以基督教民主聯盟頭面人物康拉德・阿登納爲主席的德國西部佔領區制憲委員會負責起草的，一九四九年五月八日獲得通過。五月十二日，西方三國軍政府批准了「基本法」。在經過德國西部各州議會批准之後，「基本法」於五月二十三日公布，二十四日正式生效。「基本法」的制訂自始至終是在美、英、法三國佔領當局的監督和控制之下進行的，但也集中反映了德方人士的意見和要求，是西方佔領當局和西德制憲會議代表之間一種相互妥協的產物。

「基本法」不僅在名稱上表現出臨時性質（將國家根本大法冠之以「基本法」而非「憲法」的名稱，就是爲了強調它的臨時性質），而且在內容上，卽在序言部分和最後一個條款中也作出明確的臨時性規定。如序言指出：「爲了建立過渡時期國家生活的新秩序」，通過了這個基本法；第一四六條規定：「本基本法在德國人民根據自決所通過的憲法開始生效之日起失去效力。」儘管如此，「基本法」仍不失爲一部完整的國家憲法，具有最高法律效力，並構成西德普通立法的基礎。特別是它充分吸取了魏瑪共和國失敗的教訓，爲新建國家政體規定了一系列不可更改的基本原則：民主制原則、聯邦制原則和社會法制國家原則。

1. 民主制原則

一九一九年通過的魏瑪憲法雖然規定德國政體爲議會民主制，從而爲德國歷史上第一個民主共和國的建立作出貢獻，但卻具有不少重大缺陷。其中最爲致命的是它設置了衆多彼此相互競爭的直接民主合法機制（國會；直接選舉產生總統；公民表決），另外還規定政府要受到議會多數和總統的雙重制約，等等。這些規定爲後來德國從魏瑪共和國逐步「合法地」過渡到法西斯獨裁統治提供了可能性。爲避免重蹈這一歷史覆轍，「基本法」作出以下新規定：第一，「基本法」強調代議制民主政體。在國家憲制機構中，只有議會，即聯邦議院，通過直接民主選舉產生，具有最高合法性。其他國家憲制機構都要由聯邦議院或州議會派生出來。第二，聯邦政府由聯邦議院多數黨組成。聯邦總理由聯邦議院選舉產生，其罷免只能通過「建設性不信任投票」來實現，即聯邦議院只有在選出一位新總理並提請聯邦總統罷免舊總理時，才能對舊總理表示不信任。第三，聯邦總統被完全取消了發布行政命令的實際權力，而主要具有代表國家的象徵性意義。

聯邦議院是西德最高立法機構，任期四年。其主要職權是制訂和通過法律，選舉和撤換聯邦政府總理。聯邦議院可以通過批准預算和對聯邦政府官員進行質詢來監督聯邦政府的工作，通過出席聯邦大會參與對聯邦總統的選舉，並有權依據法律對聯邦總統進行彈劾。聯邦議院還有權批准聯邦政府同外國簽訂的國際條約，等等。

聯邦政府由聯邦總理和聯邦各部部長組成。以聯邦總理爲首的聯邦政府不向聯邦總統負責，而是向聯邦議院負責。依據「基本法」，聯邦議院每四年舉行一次大選，新產生的聯邦議院第一件大事就是選舉聯邦總理，然後由聯邦總理負責組成聯邦政府。聯邦政府是西德最高行政機構，可就它所管轄的內政、外交、國防、財政、經濟和社會等各方面事務作出決策和行使領導權。聯邦總理是國家行政機構最高領導人，有權提名選拔聯邦各部部長和政府高級官員，有權改組聯邦政府、撤換或增補聯邦部長；負責主持召開內閣會議，制訂和執行聯邦政府總的方針政策；有權要求聯邦議院議長提前召開聯邦議院大會，提請聯邦總統解散聯邦議院，等等。

由於聯邦政府與議會多數黨緊密相聯，政府成員同時又是聯邦議院議員，從而具有立法權和行政權，所以議會對政府的監督職能實際上只由議會反對黨來行使。另外聯邦參議院也可對議會多數和政府施加影響。

聯邦總統是西德國家元首。聯邦總統不經公民選舉產生，而是由聯邦大會（其組成是聯邦議院全體議員和同等人數的各州議會代表）選出，任期五年，只可連選連任一屆。聯邦總統不能獨立行使職權，如他發布指示或命令需有聯邦總理或有關聯邦部長副署才能生效。如果聯邦總統「蓄意損害基本法或其他聯邦法律」，聯邦議院和參議院可以向聯邦憲法法院對他提出上訴。上訴一經確認，法院即可宣布總統職權失效。西德不設聯邦副總統，在必要情況下，由聯邦參議院議長代爲行使總統職權。聯邦總統不是聯邦政府成員，基本上不擁有行政權力，而只是西德國家權力的象徵性代表。

2. 聯邦制原則

鑒於希特勒納粹集權統治教訓，戰勝國和德國各民主黨派都主張新建國家實行聯邦體制。

與其他聯邦制國家相比，西德實行聯邦制的主要目的在於：通過聯邦分權來保證新建國家自由民主政體的運行；適應並滿足德國鄰國的安全利益和需要。

西德聯邦制的特點主要表現在「功能性聯邦主義」上，即聯邦國家各州擁有全面的行政權利，包括執行聯邦一級法律，但在立法方面權限有限。另外，西德聯邦各州可以通過聯邦參議院來參與國家立法，從而迫使聯邦與各州加強聯繫與合作，防止出現各州權利被聯邦架空的危險。

西德聯邦參議院不同於英國的上院和美國的參議院，是一個具有邦聯性質的各州政府的聯合機構，是爲平衡和協調聯邦與各州、州與州之間的矛盾而設立的。其成員同聯邦議院議員不同，不是經選民選出，而是由各州政府派出。此外，西柏林也在聯邦參議院中擁有議席，但他們只具有觀察員地位，無表決權。在職權範圍方面，聯邦參議院既具有議會第二院性質，同時又在聯邦與各州之間起著平衡、牽制和聯絡的作用。

3.社會法制國家原則

經過納粹法西斯獨裁統治的慘痛歷史以後，「基本法」在重建社會法制國家時，除了恢復傳統法制國家的有關規定以外，如司法獨立、禁止濫用權力、國家行政機關必須依法辦事等，還在兩個方面作出新規定：(1)將公民基本權利置於憲法頭等地位，強調公民基本權利不可侵犯；(2)依照美國聯邦最高法院模式建立起西德聯邦憲法法院。

鑒於納粹專制統治無視個人自由、強迫人們無條件服從「元首」意志的歷史教訓，「基本法」將「基本權利」一章置於憲法之首，開篇第一條就明確規定：「人的尊嚴不可侵犯，尊重和保護它是一切國家權力的義務。」「德國人民因此而確認不容侵犯和不可轉讓的人權是任何人類團體、世界和平與正義的基礎。」「基本權利約束立法、行政和司法，是直接有效的權利。」

「基本法」中規定的基本權利分爲人權和公民權。人權是對任何一個置於西德國家權力行使範圍之中的人而言，包括人的尊嚴權、自由發展個性權、生存權、平等權、信仰自由、新聞自由、財產保障、司法途徑保障、避難權、請願權，等等。公民權只對德國公民而言，包括集會、結社自由，遷徙自由，職業、工作、受教育地選擇自由，禁止被剝奪國籍和被引渡、平等選舉權，等等。

基本權利具有雙重性質：既是個人主觀權利，同時又是民主、社會法制國家客觀法律秩序的根本因素。二者緊密相聯、交互作用。個人主觀權利要由總體客觀法律秩序去塑造、界定和保護，而總體客觀法律秩序只有在個人主觀權利得以實現時才能充滿生機。

基本權利的運用不是毫無限度，濫用基本權利者要受到懲罰，並被剝奪這些權利。另外，自由發展個性權要有前提條件，卽不得損害他人權利和觸犯憲法秩序或道德法律，等等。

與魏瑪憲法關於基本權利只有根據某項法律才有效力的規定完全相反，西德的法律只有在不違背基本權利時才能有效。在這方面發生的糾紛要由聯邦憲法法院出面審理和裁決。

西德聯邦憲法法院是保護憲法實施的最高司法機構，從一九五一年三月二十一日開始行使職權。其職權範圍十分廣泛，有憲法解釋權、司法審查權、行政權限裁決權、彈劾案審判權，還擁有裁決聯邦大選中有關選舉訴訟案以及確定某政黨或某政黨的一個獨立組成部門是否違憲的權力。此外，各種涉及「基本法」案件的上訴亦屬於聯邦憲法法院的受理範圍。「基本法」賦予聯邦憲法法院以強有力地位主要出於兩種考慮：一是認爲必須建立一個能凌駕於一切裁決之上並具有控制和協調作用的司法機關；二是認爲在多元化社會環境中，不僅要使法律能體現居於支配地位政治力量的目標，而且還必須創立一種能爲持不同政見的政治勢力所使用的法律機制。

聯邦憲法法院的判決一般只需簡單多數通過，但某些諸如涉及剝奪公民基本權利、彈劾聯邦總統、解散某一政黨等重大案件，則必須擁有三分之二的絕對多數。聯邦憲法法院由兩院組成，各有八名法官，由聯邦議院和聯邦參議院各自在政府官員、律師、高校法律教師及其他人員中選舉產生。其中，各有三名爲終身法官，其餘法官任期八年，連選可以連任。院長和副院長由聯邦議院和聯邦參議院輪流選舉產生。

二、西德政治體制的運行

西德議會民主政體的運行主要取決於西德政黨體制的運行。

1. 政黨在西德議會民主政體中的法律地位和作用

從歷史上看，德國政黨體制的發展經歷了四個歷史時期。在威廉帝國時期，政黨在帝國憲法中沒有任何地位，帝國首相和帝國政府由皇帝任命，不取決於帝國議會中政黨的信任。帝國議會無權選舉或推翻皇帝。魏瑪共和國時期，政黨獲得掌握政治權力的可能性。魏瑪憲法大大加強了國會地位，聯邦政府這時要對議會負責。如果政府和總理失去議會信任就要下臺。但魏瑪憲法對政黨仍然採取基本否定態度，沒有確立政黨的法律地位。經過希特勒納粹黨獨裁統治和二次大戰的災難以後，必須徹底重建一個民主政黨體制成爲德國政黨歷史第四個時期的主要目標。爲此，一九四九年五月通過的西德「基本法」不僅把政黨寫入憲法，而且將它置於國家民主政體運行的中心地位。

西德政黨的憲制化首先表現在「基本法」對政黨目標、組織結構、財政等方面作出的原則性規定上。「基本法」第二十一條規定：政黨代表人民的政治意願。建黨自由。黨內生活必須符合民主這一基本原則。它必須公開報告資金來源及使用，並公開其財產。第二十一條還指出：凡黨的綱領或黨員行動以妨礙或取消自由民主原則，顚覆德意志聯邦共和國爲目標者，卽與憲法相違背，聯邦憲法法院有權對違背憲法的事件作出裁決。此外，西德政黨的憲制化還體現在一系列專門立法作出的具體規定上，如一九四九年的「聯邦選舉法」規定由政黨提出競選候選人；一九五一年的「聯邦憲法法院法」規定了實行黨禁的有關程序；一九六七年通過的「政黨法」對有關政黨的一系列問題更加全面、具體地作出規定。將政黨地位法律化，主要是吸取了德國第一個共和國失敗的歷史教訓，從法律上確認政黨的地位，禁止反民主政黨存在，保證議會民主政黨體制的正常運行。

根據西德法律規定，政黨在社會政治生活中的作用，不僅要反映、滙總、協調社會各階層不同利益，更重要的是要通過參加競選（提出既要反映公民利益，又要影響公民意志的競選綱領和候選人），參與國家政治決策。

然而，政黨本身不是國家機構，所以不能直接從國家預算中獲得其全部活動經費，國家只給政黨競選所耗資金以一定補償。但是，政黨對作爲國家憲制機構的聯邦議院和聯邦政府的產生與發展具有直接的決定性作用。執政黨要在議會多數支持的基礎上，組成聯邦政府或聯邦聯合政府，負起領導國家的責任。反對黨則主要通過批評和監督政府工作，力爭影響公民意志，以期在下次大選中獲勝而擺脫在野黨地位。

2. 西德政黨體制的形成、演變與發展

(1) 一九四五年—一九四九年德國西佔區政黨體制的形成

從二次大戰結束，戰勝國取消黨禁（取消不許組織政黨的禁令，在英佔區是一九四五年八月，在美佔區是九月，在法佔區是十二月），到一九四九年西德成立，在德國西佔區已經

基本形成了四黨體制：基督教民主聯盟、自由民主黨、社會民主黨和共產黨，代表著當時四股主要政治思潮。其中，共產主義思潮、社會民主主義思潮和自由主義思潮是傳統思潮，而基督教社會思潮則爲新興思潮。此外，還有爲數衆多的其他政黨和團體亦紛紛成立或重建。一九四九年八月，西德聯邦議院舉行第一次大選，有十五個政黨參加競選，結果有十個政黨獲得聯邦議院議席，基督教民主聯盟成爲聯邦議院第一大黨。該黨首腦阿登納在聯邦議院中僅以一票多數當選爲聯邦政府總理，組成四黨聯合（基督教民主聯盟、基督教社會聯盟、自由民主黨和德意志黨）的第一屆聯邦政府。社會民主黨成爲聯邦議院中最大的反對黨。西德政壇呈現出黨派林立，朝野兩黨勢均力敵的局面。魏瑪共和國時期政局動盪的歷史似將重演。

(2) 聯盟黨執政年代與西德政黨體制集中化過程

五十年代西德政黨體制發展的集中化過程使魏瑪共和國時期政局動盪局面沒有重現。在一九五三年第二屆聯邦議院大選後，取得議席的政黨數已由第一屆的十一個減少到六個，到一九五七年第三屆時又進一步減至四個，一九六一年第四屆聯邦議院大選後，只有基督教民主聯盟（簡稱基民盟）和基督教社會聯盟（簡稱基社盟）組成的聯盟黨、社民黨和自民黨在聯邦議院中取得議席。在這一集中化過程中，聯盟黨是唯一的受益者，西德政黨體制呈現出

「結構上的不對等」局面。

基民盟和基社盟，從組織上來說，是兩個相互獨立的政黨。他們有各自的組織系統和領導機構。兩黨協議：基社盟僅限於在西德巴伐利亞州活動；基民盟則在除巴伐利亞州以外的西德其他各州活動。基督教社會聯盟於一九四五年十月成立於西德南部巴伐利亞州，是西德唯一具有全國影響的地區性政黨。基社盟的政治綱領和政治態度與基民盟基本一致，但在對待蘇聯和東歐國家政策上採取更爲強硬的態度。基社盟不是基民盟的州組織，他們沒有組織上的上下從屬關係。但兩黨在政治上，尤其是在聯邦議院大選和聯邦議院內緊密合作，結爲一體。他們有統一的競選綱領，協調一致的競選活動，並在聯邦議院內組成統一的議會黨團。所以，兩黨常被合稱爲「聯盟黨」。

基民盟是戰後新建政黨，一開始是以大城市或州爲基地陸續分散建立，一九五〇年十月召開第一屆聯邦代表大會，建立起聯邦中央領導機構，西德首任聯邦總理阿登納當選爲黨的聯邦主席。

在一九四九年西德建國以後二十年中，基民盟一直是西德主要執政黨，在西德對內、對外政策中打下了深刻烙印。

在社會經濟政策方面，英佔區基民盟一九四七年提出的「阿倫計劃」（Das Ahlener

Programm）曾大力宣揚基督教社會主義主張，如解散康采恩，將礦山和鋼鐵企業收歸社會所有，實行一定程度的計劃經濟等。但一九四九年提出的「杜塞爾多夫指導原則」（Die Düsseldorfer Leitsätze）卻已將實行「社會市場經濟」奉爲經濟政策指導思想。一九五三年，基民盟在「漢堡綱領」（Das Hamburger Programm）中，進一步強調這一指導思想，並將其具體化。在聯邦經濟部長、基民黨人艾哈德的親自領導下，西德依靠美國支持和援助，利用當時國際形勢中對他有利的一面，全面實行社會市場經濟，在不長時間裏，就取得工業生產迅猛增長、失業人數大幅下降、貨幣穩定、人民生活水平迅速提高的成果。

在對外政策方面，「漢堡綱領」明確規定要實行西方一體化政策。實際上，早在一九四九年西德成立前後，基民盟首腦人物阿登納就在力主並領導實施這一政策了。通過從政治、經濟、軍事上加入西方聯盟（一九五一年加入歐洲委員會和歐洲煤鋼聯營，一九五五年加入北大西洋公約組織，一九五七年加入歐洲經濟共同體等），西德擺脫了被佔領的無主權地位和國際上孤立境地，獲得國家主權獨立和軍事安全保障。

總之，在關鍵的五十年代，阿登納領導基民盟在同反對黨社民黨的激烈競爭中，以社會經濟政策和對外政策方面取得的斐然政績，贏得愈來愈多選民的支持和擁護。一九五三年，聯盟黨在大選中獲得選票四五・二%，比上屆增加一四・二%。到一九五七年第三屆大選時，聯盟黨以獲選票五〇・二%的絕對優勢得以單獨執政。基民盟主席阿登納也達到其政治生涯的頂峰。

但是進入六十年代以後，作爲主要執政黨的基民盟地位逐漸衰落。一九六一年九月，聯盟黨在第四屆聯邦議院大選時總共只獲得四五・三%的選票，失去上屆大選後的絕對優勢地位。一九六九年，聯盟黨在主要執政二十年後第一次下野，成爲反對黨。

導致聯盟黨衰落的國際、國內因素十分複雜。從西德本身來說，聯盟黨奉行的以「實力政策」爲中心的德國統一政策在一九六一年「柏林牆」事件中遭到失敗，六十年代中期西德經濟出現危機以及阿登納總理執政後期頑固、僵化態度引起的黨內各派衝突等是重要原因。此外，作爲西德政壇上主要反對黨的社民黨在五十年代末期改革以後地位的崛升，亦是一個不容忽視的重要因素。

(3)社會民主黨從一九五九年改革到一九六九年成爲主要執政黨

西德政黨體制五十年代「結構上的不對等」局面，從一九六一年以後開始出現有利於社民黨而不利於聯盟黨的變化。造成這種變化的主要原因之一是社民黨一九五九年改革。

德國社會民主黨是德國歷史最悠久的政黨，是十九世紀德國工人運動的產物，一八六三年五月由斐迪南・拉薩爾初創，始稱「全德工人聯合會」，一八九一年正式改爲「德國社會民主黨」。在威廉帝國時期，社民黨從事議會鬥爭。一度成爲議會中最強大的黨派。魏瑪共和國時期，社民黨第一次上臺執政，但政權不穩。希特勒上臺以後，社民黨遭到禁止和迫害，直到二次大戰結束以後才得以重建。在重建初期，社民黨曾有三個力量中心：以漢斯・福格爾和埃里希・奧倫豪爾爲首的流亡倫敦的社民黨執行委員會，以奧托・格羅提渥爲主席的蘇佔區社民黨中央委員會和以庫爾特・舒馬赫爲領袖的英佔區漢諾威市社民黨活動中心。由於德國東西兩部分社民黨分歧日增、裂痕愈大（一九四六年四月，蘇佔區社民黨與共產黨合併成爲德國統一社會黨，遭到西佔區社民黨強烈反對），舒馬赫遂在吸收流亡倫敦的社民黨人參加自己領導班子的同時，積極籌劃在西佔區正式建立社民黨。一九四六年五月，西德社會民主黨正式成立，舒馬赫當選爲首任主席。

社民黨重建以後，沒有制訂新綱領，而是繼續沿用一八九一年愛爾福特綱領和一九二五年海德堡綱領。一九四九年大選以後，社民黨執委會通過了一個指導今後行動的「十六條方針」。其主要內容是：克服失業，實行計劃經濟，剝奪大資產者；將柏林併入聯邦德國版圖，拒絕承認奧得—尼斯河邊界等。五十年代，社民黨作爲「建設性的反對黨」幾乎在一切方面同執政聯盟作對。然而，西德經濟在經過短時間困難以後飛速發展，被人譽爲「經濟奇蹟」的事實，阿登納政府外交上的連連得分（如加入北約擺脫被佔領國地位；與蘇建交，使三萬名德國戰俘得以遣返回國；薩爾區回歸聯邦德國等），使社民黨在同聯盟黨競爭中處於十分不利的地位。一九五七年聯盟黨獲得大選絕對優勢的勝利對社民黨震動很大。顯然，若不再對原來政策作出調整和改變，社民黨將永遠不可能在選民中打開局面。改革已勢在必行。一九五九年十一月，社民黨在哥德斯堡召開的特別代表大會反映了這種強烈的改革願望。大會通過的「哥德斯堡綱領」標誌著社民黨完成了一次劃時代的轉折。

綱領的主要內容及其特點如下：

第一，綱領脫離了一九二五年通過的仍然具有馬克思主義色彩的「海德堡綱領」，放棄了原有的社會主義觀點，不再提及階級鬥爭，把德國社會民主黨從一個工人黨變成一個全民黨。黨的目標這時是建立一種強調個人自由、經濟安全和社會正義的政治新秩序。寫進黨綱中的「社會主義」這時非常靈活，以期使他成爲社會不同階層、持不同政見者的共同思想體系。社民黨譴責共產主義制度，擁護西方式民主制度，認爲這是維護人的尊嚴的唯一制度。

第二，在經濟和社會方面，新綱領強調自由競爭和企業自主經營，主張維護在不損害建立公正社會秩序條件下的生產資料私有制。綱領強調要保證所有公民的福利，合理分配財富和利潤。在經濟管理方面提出要「盡可能地組織競賽，盡可能地加強計劃」這一原則，以期對西德的資本主義社會實行改良。

第三，在對外政策方面，綱領也作出許多具體改變。它已同意西德成爲西方聯盟成員，同意把同美國友好、與法國合作作爲其外交政策的兩個重要方面。特別是它不再考慮要求西德擺脫這個體系來爭取德國統一，並且表示要與基民盟進行有限合作。

「哥德斯堡綱領」是社民黨爲順應國內現實和國際形勢變化而作出轉變的結果，它爲社民黨贏得更多選民從而走向執政舖平了道路。一九六六年，社民黨在野十七年後第一次與聯盟黨組成大聯合政府，參與政府執政。三年以後，它與自民黨組成聯合政府，成爲主要執政黨。一九七二年聯邦議院第七次大選時，社民黨所得選票達到四五・八%，創歷史最好紀錄，超過聯盟黨（得票比例爲四四・九%），表明西德政黨體制「結構上的不對等」局面已經克服。七十年代西德朝野兩大政黨勢均力敵，呈現出一種二元制均衡狀態。

(4) 自民黨在西德政黨體制中的地位和作用

社民黨與聯盟黨集中了西德選民大量選票，構成二元制均衡狀態。然而在西德政黨歷史上，除了一九五七年大選時聯盟黨獲得絕對多數選票以外，再沒有出現過哪個大黨取得大選絕對勝利的局面，這就需要某個大黨與另一個小黨組成聯合政府聯合執政。這時，小黨的地位頗爲重要，它的何去何從常常能決定哪個大黨上臺執政，自由民主黨就是這樣一個小黨。

自由民主黨成立於一九四八年十二月，是在二次大戰以後原德國自由黨重新在西部佔領區活動並陸續建立了州黨組織的基礎上，統一建立起來的。特奧多·霍斯就任黨的首屆主席。一九四九年六月，自民黨在不來梅舉行正式成立大會，建立了聯邦中央領導機構。該黨成員主要成份是工商業者、農場主、自由職業者等。

自民黨自成立以來，幾乎一直處於執政地位，只是在一九五七—一九六一年聯盟黨擁有絕對多數議席而單獨執政時以及一九六六—一九六九年大聯合政府時期在野。從一九四九年至一九五六年，一九六一年至一九六六年，自民黨一直是同聯盟黨聯合執政；從一九六九年至一九八二年，自民黨轉而同社民黨聯合執政；自一九八二年以後至今，自民黨再度與聯盟黨合作掌權。

一個在全國只有十萬左右黨員的小黨，何以能在西德政壇上長期在朝，且兩度決定政府更迭呢（一次是在一九六六年秋天脫離與聯盟黨的執政聯盟，引起艾哈德政府倒臺；另一次是在一九八二年秋天與社民黨決裂導致施密特總理下臺）？一般以爲主要有兩方面原因：一爲綱領變化，二爲選民心態。

在政治綱領和主張上，自由民主黨一貫標榜推行「中間路線」。實際上，在西德兩大政黨中間，自民黨很難獨樹一幟，具有鮮明的個性。在五十年代和六十年代中期以前，自民黨在經濟、社會政策以及對外關係上，與聯盟黨政策主張相近，強調實行充分的「企業自由」，保護「自由競爭」、「私有財產」和「個人自由」，反對國家干預經濟、工業國有化和各種「社會化」措施；在對外政策方面，主張加強同美國和其他西方國家合作等。但自六十年代下半期實行「革新」路線以後，在外交政策上，自民黨又靠攏了社民黨，主張同蘇聯改善關係；同東歐國家實現關係正常化；在不放棄「基本法」有關德國統一要求的條件下，同東柏林建立對話，等等。

從選民情況來看，與聯盟黨和社民黨不同的是，自民黨幾乎不擁有本黨「基本選民」。但選民希望自民黨在兩大政黨之間起一種平衡作用，一旦需要還要通過更換執政聯盟來實現一種民主式權力更迭，自民黨的生存在一定程度上是取決於這種選民心態的。

一九六九年聯盟黨在主要執政二十年後首次下野，社民黨第一次崛升爲主要執政黨。國家政權通過議會程序實現更迭，這在當時西德政壇上尚屬首次。這說明：西德實行的政黨與議會相結合的代議制民主政體已經鞏固，西德政黨體制已經具備實行政黨政治的完整功能。自由民主黨在其中所具有的舉足輕重作用，使西德政黨體制呈現出一種二元體制下的三角均勢狀態。

(5) 綠黨的崛起對西德政黨體制的衝擊

綠黨於一九八〇年一月正式成立。在一九八三年第十屆聯邦議院大選中，綠黨獲得五·

五%的選票，首次突破五%的界限，得以進入聯邦議院，從而打破了西德長期穩定的三黨壟斷議會的政治格局，是對西德政黨體制的極大衝擊。

綠黨的崛起和發展是七十年代以來西德「新社會運動」的結果。所謂「新社會運動」，主要是指反核運動、生態運動、和平運動、婦女運動，等等。是從各個不同方面對現存社會的價值觀念、生活方式和經濟、政治秩序提出挑戰的普遍的社會抗議運動。西德的社會抗議運動可以追溯到五十年代初期，那時抗議目標主要針對西德重新武裝。五十年代中期，在聯邦國防軍是否實行核武裝的問題上，西德又出現「反對核毀滅」運動。進入六十年代，源自英國，旨在反對核武器的「復活節遊行」在西德各地興起。六十年代末，針對西德大聯合政府，西德又普遍出現「議會外反對派」運動。與此同時，在美國爆發的學生抗議活動影響下，西德學生也向傳統價值觀念和社會政治秩序發起了挑戰。但由於整個運動缺乏一項統一行動綱領，所以後來抗議運動逐步分化成具有不同思想意識、政治方向和直接行動計劃的各種集團。進入七十年代，西德逐步變成後工業化社會。工業生產增長對生態的破壞和對環境的污染，直接影響到每一個人的生活質量。「石油危機」以後西德加緊擴建核發電廠，又觸發了人們環境意識的高漲。於是人們紛紛自發地組織起來，掀起了聲勢浩大的反核和保護生態運動。七十年代末，在東西方中程導彈之爭再次誘發新一輪核擴軍和「冷戰」之時，西德又爆發了規模空前的和平運動。這些運動成爲後來綠黨產生和發展的社會政治基礎。

從綱領上看，綠黨並非像許多公民自發運動那樣只追求一個具體目標，也不是一個純生態環境黨。同其他政黨一樣，綠黨綱領也涉及到所有社會領域。一九八〇年一月綠黨成立大會通過一個黨章序言，提出政黨目標是要「動員一切生態力量和民主力量」，「從根本上改變迄今爲止的政策」；並提出政黨四原則：生態原則、社會原則、根本民主原則和非暴力原則；同時還明確表明政黨工作要在西德「基本法範圍內」進行。

綠黨最高組織機構是聯邦大會，負責選舉聯邦理事會。理事會由十一人組成（包括三名地位平等的發言人、一名司庫、一名書記及六位理事），實行輪換制原則，即半數理事每年都要重新選舉，連選連任只限一次。綠黨成員中婦女及年輕人比例極高，且大都受過高等教育。綠黨的基本選民主要集中在服務行業比重很大的大城市以及中、小大學城中。

(6)八十年代西德政黨體制的動盪

八十年代以來，世界政治、經濟、軍事形勢，特別是東西方關係，發生急劇動盪和變化。這對在東西方關係中處於關鍵地位的西德影響極大。加之西德國內各種矛盾錯綜複雜和逐步激化，使八十年代西德政黨體制出現許多不穩定因素。

首先是一九八二年九月出現的政府危機。以社民黨人施密特爲首的社民黨—自民黨聯合政府在執政十三年後終於分道揚鑣。造成這次聯盟破裂的首要原因是經濟問題。從一九八〇年五月開始的經濟危機已經持續三年，施密特政府曾採取一系列措施以制止危機、恢復景氣，但都收效甚微。如何使經濟重新復甦，並解決嚴重的失業問題，聯盟黨主張削減財政開支和福利費用，降低國債，刺激企業主投資積極性；社民黨則仍然堅持維護福利制度。此外，在美蘇中程導彈之爭空前激化形勢下，是否如期部署美國新式中程導彈，各黨亦爲意見相左。聯盟黨主張：如果美蘇談判失敗，西德就要遵照北約「雙重決議」，如期部署美國新式中程導彈；社民黨則主張：不論談判結果如何，都應推遲部署導彈。正是在經濟問題和導彈問題上，自民黨傾向於聯盟黨政策而反對社民黨主張，才與社民黨最終決裂的。

一九八三年聯邦議院大選就是在這次政府危機背景下舉行的。大選結果是：聯盟黨取得一九五三年以來最好結果，得票率爲四八·八%，而社民黨僅爲三八·二%。西德政黨體制「結構上的不對等」局面又復出現，這種局面由於自民黨改弦易轍而更加突出。

此外，自一九八三年綠黨大選獲勝進入聯邦議院以後，西德政黨體制開始出現小黨相對得勢，大黨相對衰退的趨勢。這一趨勢在一九八七年大選中得到突出反映。在這次選舉中，聯盟黨和社民黨得票率分別是一九四九年以來和一九六一年以來的最低紀錄。而自民黨和綠黨則吸納了大黨不少選票。其中，自民黨所得選票從上屆的七%增至九·一%，綠黨從五·

六%增至八・三%，是這次選舉的「眞正勝利者」。自民黨增票的直接原因，一般認爲主要是前已有述的選民心態所致，所以不少本來支持聯盟黨的選民改投了自民黨的票；綠黨則主要得益於一九八六年蘇聯切爾諾貝利核電站事故和萊茵河被瑞士一家化工廠有毒物質污染事件。這兩起事件證明了環境保護的重要性，使綠黨主張得到更多選民的同情和支持。西德政黨體制出現從實質上的兩黨制向多黨制發展的趨向。

八十年代西德政黨體制的再一個不穩定因素是後期共和黨的咄咄逼人的發展。一九八九年一月，該黨在西柏林議會選舉中出乎意料地取得好成績；此後，又在黑森州、萊茵蘭——普法茨州以及薩爾州等舉行的地方選舉中頻頻得手；特別是在西德舉行歐洲議會選舉時，首次參加全國性競選的共和黨一舉獲得七・一%選票，超過根舍外長的老牌自民黨（五・六%），使西德朝野各黨「震驚」。

共和黨是一個極右政黨，是從右翼政黨基督教社會聯盟分裂出來的。該黨主席弗・舍恩胡貝爾曾是基社盟主席施特勞斯的親信，後因不滿施特勞斯對「德國問題」和對民主德國採取靈活態度而退出基社盟。共和黨的政策主張和言論帶有濃厚的民族主義色彩，屬極右性質。比如該黨認爲爭取德國統一比推動西歐聯合更重要；不承認奧得—尼斯河邊界；甚至主張在其他國家沒有放棄核武器情況下，西德也應當擁有核武器。在內政方面，共和黨主張實行「淨化了的愛國主義」，反對大批接納外國人；要求「強化國家機器」，嚴懲罪犯和恐怖分子等。

共和黨的出現不是偶然的。首先，西德經濟雖然自一九八二年政府更迭以來一直保持增長勢頭，但失業人數一直居高不下。同時，大批蘇歐移民和第三世界難民湧入西德，不僅搶佔了大量勞動崗位，還進一步加劇了本來就很嚴重的住房、犯罪和環境汚染等問題，激起公衆不滿。共和黨正是以「外國人問題」爲突破口來爭取選民的。其次，傳統政黨長期執政導致黨內腐敗現象嚴重，對選民吸引力下降；又由於綠黨發展使這些傳統政黨較爲注重作左翼選民工作，嚴重忽視了右翼選民的利益。再有，施特勞斯去世後，一部分右翼選民感到失去代言人而改投共和黨的票。最後，戰後出生的年輕人認爲自己對二次大戰沒有責任，對繼續談論德國的責任感到反感，因此特別支持共和黨有關德國人要「放棄歷史包袱，站著走路」的主張，並紛紛加入共和黨。共和黨六〇%成員是三十歲以下年輕人，其中不少人來自聯邦國防軍和警察部隊。

總起來說，與七十年代以前時期相比，八十年代以來西德政黨格局發展的不確定性增加。然而另一方面也應看到：聯盟黨和社民黨兩大政黨儘管實力相對下降，但他們左右西德政局的基本態勢沒有出現根本變化；綠黨雖很活躍，但在全國範圍內還沒有成熟到具備執政能力，使現存體制發生根本變化的地步；共和黨雖然來勢很猛，且有一定社會基礎，但它名聲不佳，國際、國內條件都不會使它成大氣候。與西方其他議會民主制國家相比，西德四十年來的政局發展還是比較穩定的。

三、西德四十年政局發展基本穩定的原因及九十年代面臨的挑戰

如上所述，八十年代以來，儘管西德政黨體制出現許多不穩定因素，但與其他西方議會民主制國家相比，西德四十年來政局發展還是比較穩定的。造成這種穩定局面的主要原因是：

1. 政黨體制的集中化，具體表現在西德聯盟黨和社民黨兩大政黨發展成爲「全民黨」。基民盟是西德政黨發展史上第一個典型的「全民黨」。譬如它的政黨綱領著眼的不是意識形態色彩，而是實用性。在最初執政的二十年時間中，基民盟沒有制訂出一個長久性黨綱，而是只在每次聯邦議院大選時向選民提出其行動綱領和政策原則。這種作法面向廣大選民，能適合形勢不斷發展的需要，有利於在保持原來基本選民擁護的同時，贏得社會各個階層廣大選民的支持。經過一九五九年改革，社民黨也向社會上新中間等級和天主教工人階層敞開了

大門，從而改變了傳統的左派黨特性，發展成爲全民黨。自五十年代以來，選票不斷集中到這兩大全民黨身上。一九七六年，這一集中程度高達九一％，以後雖有下降，但情況仍很可觀，如一九八二年兩黨所得選票仍佔全部選票的八一・三％。

造成政黨體制集中化的社會條件是：社會結構均衡化和新中間等級的出現。這與二次大戰的破壞性後果以及五十年代以後出現的「經濟奇蹟」引起經濟結構、職業結構的演變密切相關。

經過納粹統治和戰爭破壞，傳統的社會結構已被摧毀，這使不同社會階級和階層之間的矛盾得到緩和，同時教會對立也失去原有意義；戰後重建家園的共同利益以及其後出現的經濟起飛和大衆福利，進一步促成了社會均衡化；一九五二年通過的「負擔均攤法」又以立法手段爲社會均衡化作出貢獻。

五十年代以後西德「經濟奇蹟」的出現以及世界範圍內科學技術的發展，引起西德產業經濟結構不斷發生變化：第一產業，特別是農業生產比重大幅度下降；第二產業中的傳統工業部門大爲縮減，只有現代化工業部門發展迅速；第三產業如貿易、交通、服務行業等急劇膨脹。這些變化又進一步導致職業結構方面的演變。其中，工人以及「老中間等級」如農場主、中等企業主和商人等，在就業人數中比重下降，而「新中間等級」如技師、工程師、經理、官員等比重在上升。經濟發展使戰爭造成的物質匱乏成爲歷史，這使人們的非物質性需求大爲增長，從而導致「後物質主義價值觀」的出現。

上述一系列社會、經濟、意識形態方面的發展變化，對政黨綱領、政黨成員和選民心態影響很大。西德兩大全民黨努力適應這些變化，不斷克服傳統上存在的政黨和教會的分裂割據狀態，注意將社會上利益不同，世界觀迥異的集團或階層融滙到一起，使他們不必爲維護自己利益而另行組黨，從而保證了政黨體制的集中和穩定。

2. 法律方面的有關規定對導致政黨集中化從而促使政局穩定起了重要作用。

爲了阻遏黨派進一步分裂，避免小黨林立、政局龐雜的局面出現，「聯邦選舉法」第六條作出這樣的規定：只有在選舉中獲得至少百分之五選票的政黨，才能在議會中獲得席位；反之則不能進入議會。這一百分之五限制條款的提出和實施，大大削減了小黨進入聯邦議院或州議會的機會，在西德政黨集中化過程中起了決定性作用。

此外，前已有述的「基本法」第二十一條第二款關於黨禁的規定也特別值得一提。依照此條款，聯邦憲法法院於一九五二年宣布取締了社會帝國黨（SRP）；一九五六年又作出判決，以德國共產黨（KPD）的主張和目標「與自由民主的根本秩序」相違背爲由，宣布該黨爲非法。

對這兩次黨禁的必要性，西德一些公衆輿論提出疑議，認爲這兩個黨並沒有對聯邦議院的組成帶來直接影響。社會帝國黨連第一屆聯邦議院都沒進入，德國共產黨也在第二屆聯邦議院大選時，因沒獲得超過五%的選票而失敗。此外還有人持此看法：與其通過黨禁把一政黨驅入地下，不如讓它合法存在而便於觀察。

一九六八年，「德國的共產黨」（DKP）宣布重建，並於一九六九年四月正式召開成立大會。從法律形式上來說，「德國的共產黨」不是原來德共的後繼組織。但實際上，這種承繼關係顯而易見。如現德共大部分領導成員卽爲原德共成員。不過，現德共在其正式文件中，沒有反對「基本法」規定的憲法程序，也沒有明確提出信仰馬列主義、實行民主集中制原則和把無產階級專政作爲通向共產主義社會的必要階段。它提出的政治目標是改變西德社會秩序，但不是通過革命手段，而是通過「社會主義變革」來建設社會主義。一九七〇年以後，「德國的共產黨」獨立參加州議會選舉和聯邦議院大選，但均未獲得超過五%的選票。

一九八九年下半年以來，東歐國家政治局勢出現了戰後四十多年來最令人暈眩和最錯綜複雜的政治劇變。德國統一問題隨著十一月九日「柏林牆」和兩德邊界的開放而突然成爲一個現實問題。東西方關係也隨之發生實質性變化。如何應付這一歷史劇變，如何處理德國統一進程中存在的一系列具體問題（包括國際和國內兩個方面），這是西德各個黨派在進入九十年代以後面臨的巨大挑戰。

對突然而來的德國統一問題，科爾政府一開始反應謹愼，在「柏林牆」開放近二十天以後才提出一個關於德國統一的「十點計劃」。但在一九九〇年二月上旬訪問蘇聯，與蘇聯領導人戈巴契夫會談以後，科爾政府認爲：德國統一形勢已經發生質的變化，必須抓住這一歷史性機會，堅決而又不失謹愼地推進德國統一大業的實現。

德國統一，將對歐洲局勢乃至世界格局產生重大影響，同時也意味著西德成立以後四十年發展歷史的終結。四十年，在德國現代史上相對而言並不算短，如魏瑪共和國僅僅存在十五年，而曾不可一世的希特勒帝國也才只有十二年壽命；但在整個歷史發展過程中不過是短暫的一瞬。然而就在這短暫的一瞬間，西德從二次大戰後一片廢墟，物質和精神世界總體性崩潰出發，一躍而發展成爲當今世界上經濟、科技、文化事業發達，民主政治體制穩固的國家，不能不說是一個奇蹟。西德在建設國家議會民主政體方面所創造的成功經驗，必將在統一後的德國中繼續發揮作用。

四十年聯邦德國法制概況

唐　壘

一、基本法——聯邦德國立國之本

1. 基本法的制定和歷史沿革

一九四五年納粹德國垮臺之後，德國的國家政治生活在一些市鎭和由佔領區劃分開的各州重新建立起來。這種重建活動直到一九四七年隨著許多州州憲法的生效才告一段落。一九四八年九月一日盟國佔領區內的美、英、法三個西方軍事總督在稱爲「法蘭克福文件」的協議中建議各州總理籌備召開一次大會，其目的是制定一部三個西方佔領區之內的民主的、聯邦性質的憲法，並且對當時形成的各州邊界加以確認。爲此各州總理組成了一個具體事務委員會，經過兩周的緊張工作，於一九四八年八月在海恩希姆湖（Herrenchiemsee）邊擬定了一個草案，這就是後來被稱爲「海恩希姆湖草案」的基本法第一個藍本。

一九四八年九月一日由各州議會選出的議會議院作爲憲法立法大會，承擔了制定憲法的主要任務。六十五個成員組成了議會議院，其中基督教民主聯盟、基督教社會聯盟佔二十七席，社會民主黨佔二十七席，自由民主黨佔五席，德國黨、中央黨和共產黨各佔兩席。議會議院的成員經過激烈爭論（主要爭執點在聯邦國家性質上），在盟國的多次干預下，終於在一九四九年五月八日，納粹德國垮臺四年之後，由五十三票對十二票通過了基本法。一九四九年五月十二日經三個西方軍事總督獲准，接著又經過了兩周各州的認可批准階段（值得一提的是巴伐利亞州議會曾否決了該法），重新送交波昂。

一九四九年五月二十三日各州總理、議會議長、法蘭克福經濟區和軍政府的代表，以及議會議院的成員重聚波昂，最後以國家典禮的形式宣告了基本法的誕生。

儘管基本法沒有產生於全體公民選舉的全民大會，而主要來自於議會議院成員和各州官員的決定，但這部法還是意外地很快獲得了極大的歡迎。並且從根本上被作爲「臨時憲法」。四十年來沒有再產生過像它這樣內容全面的，作爲長期存在的基本原則的綱領性文件。基本法一直是聯邦德國所有法律規範的準則。一切違背基本法的法律被視爲「違憲」。基本法是邁向德國統一的過渡時期之內的聯邦德國根本法，是聯邦德國的立國之本。

基本法從制定以來共修改了三十五次，但其基本原則始終沒有動搖。它被認爲是德國憲法史上唯一穩定了幾乎半個世紀的根本法。

2. 基本法的內容和基本原則

聯邦德國基本法從體例上由序言和十一章總計一四六條組成，它分別對基本權利、聯邦和州的關係、聯邦議會、聯邦議院、聯邦總統、聯邦政府、立法、行政、司法、財政金融和國防進行了調整和規範，簡單地說也可以從兩個方面去概括這部基本法：即所謂「基本權利篇」和「組織篇」：

「基本權利篇」是基本法最重要的部分，這種權利包括人格的自由發展、平等和宗教自由、言論自由、新聞自由、集會和結社自由、遷徙自由、從業自由等其他權利。另外在基本權利中也明確表達了對婚姻和家庭的保護，國家盡責與辦教育、郵政、通訊、住房和私有財產的神聖不可侵犯。

「組織篇」主要涉及基本法的基本原則，聯邦國家機關的組織活動以及聯邦與州的關係。

基本法的基本原則包含民主原則、法制國家原則、社會國家原則、聯邦國家原則。

(1)民主原則

聯邦德國基本法的民主原則是聯邦德國國家秩序中的主要原則，基本法第二條第二款進行了如下的表述「所有國家權力來自於人民，這種權力由人民通過選舉和表決以及通過立法、行政和司法等特別機關予以實施。」從實踐上看，基本法所涉及的民主原則主要通過代議制民主而得以實現。在聯邦德國，由基本法規定的民主形式並不是直接民主的形式，而是通過特別的組織和政治機構來實現的間接民主形式。由基本法所規定的這些機關、機構是政黨、議會、政府和管理機關，他們在聯邦德國這個多元的社會裏代表著各個社會集團的利益，調整著諸方面的衝突，從而建立起一種政治上的協調。基本法的民主原則爲不同政治目標的實現和對各種利益衝突的寬容創造了堅實的基礎。在政治生活中，基本法的這一原則不僅保護了多數人的利益，同時也保護少數人的利益，眞正實現了多元社會自由民主的實質。

如前所述，基本法制定以來進行了三十五次修正，一四六條條文中共有七十一條發生了變化，三十四條完全以新面目出現，五條被取消，最主要的變化是「兵役制」（一九五六）、「緊急狀態規則」（一九六八）、「選舉年齡降低」（一九七〇），但民主原則沒有絲毫改變。基本法的民主原則成爲聯邦德國公民民主意識的基石，許多人認爲：民主並不意味著四年一次的選舉，民主意味著通過選舉積極參與政治生活，參預政黨組織和公民協會，通過集會、遊行、大衆媒介，以及通過其他各種有效途徑表達自己對政府、議會、社會管理的政治觀點，從而尋求解決問題的方法。

(2) 法制國家原則

法制國家原則雖然沒有在基本法的第二十條闡述聯邦德國國家性質時給予開宗明義地規定，但是這一原則清晰地體現在基本法的條文內容裏。基本法所確立的法制國家原則首先保護著公民的基本權利，即保護公民的人身自由不受國家權力的侵害，其次它保證了立法、行政、司法分權體系的正常運轉，明確了司法獨立和法官獨立審判的精神。在這種認識上，人身自由的法律保護得到了充分地肯定，國家行爲是否違憲必須得到依法監督。與此同時，基本法的法制國家原則不僅包括著法制保障的基礎，也包含著實現正義、平等的基礎。

法制保障體現著法律優先和依法辦事的基礎，法律優先意味著法律必須優於任何國家措施、政策。依法辦事意味著公權只能在法律有效的範圍內行使。當今，聯邦德國的法律工作者也越來越深刻地認識到，如果沒有實現正義、平等的努力，法制國家的原則也僅僅是一句空話。所以，法制國家基本原則的實質應該是：不僅僅表現爲法律面前的人人平等，而且表現爲通過法律而達到正義和平等。

(3) 社會國家原則

基本法的第二十條第一款指出：「德意志聯邦共和國是民主的、社會的聯邦國家。」「社會的聯邦國家」這一社會國家的原則儘管沒有以所謂社會基本權利的形式出現在基本法裏，但社會國家原則的實質在聯邦德國得到了實現。聯邦德國基本法所確立的這一原則，一方面保證公民具有高度的社會保障，這意味著公民的社會保險、社會福利、住房補貼、教育資助，負擔平衡（即對戰爭中受到財產損害者在稅收中給予的補償），另一方面在社會經濟生活中徵納國家稅收，國家社會保險和社會稅收的統一有效地保證了社會國家原則的實現。

由於社會國家原則在基本法裏只表現爲一種高度的概括，形成了這一原則具體表現形式上的不確定性。因而社會國家原則一直成爲聯邦德國法學界的爭議對象。一部分學者和法律工作者認爲：這種原則上的高度概括是一種十分明智的做法，社會國家原則是立法者所代表的社會各階層不同價值觀妥協的產物，具體形式的不確定可以在實踐中提供多種選擇。另外，如果要面對日新月異的社會實踐制定實現「社會國家原則」的具體條款也是十分困難的，而在這一方面原則規定的形式下，適用公民基本權利的有關條款，諸如：「人的自由」、「所有制保護」、「自由從業」等完全能有效地實現這一原則。

(4)聯邦國家原則

聯邦德國聯邦國家的主要原則是州的自主國家性質，由此引伸出聯邦國家原則。基本法規定各州與聯邦分享立法、行政、司法的權利，同時保證聯邦與州依法據有的平等權利和同等重要性。

在立法方面，聯邦和州都具有立法的權能，但是基本法給予聯邦幾乎全部實質性的立法權，聯邦具有專有立法權和對有關領域立法框架的規定權。聯邦專有立法權表現在外交、國防事務、國籍管理、自由遷徙、護照事務、出入籍及引渡、錢幣、度、量、衡和時間，海外事務、聯邦鐵路和民航、郵政和電訊、涉及聯邦公務人員的法律事務、行業保護法、版權法、出版法、聯邦需要進行的數據統計，以及聯邦和州在刑警，保護自由民主秩序，聯邦德國外交利益不受損害的合作事務等衆多領域。基本法同時劃定了一個州與聯邦共同享有的「競爭的」立法領域，這個領域主要涉及民法、刑法、刑罰執行、法院組織、法院訴訟、律師事務、公證及法律諮詢業務、公共救濟、經濟法（礦山、工業、能源經濟、手工、產業、商業、銀行股票私有保險等方面的法律），企業組織、勞動保護、勞動保險、失業保險、資助教育和科研、外國人逗留和居留管理、文物保護……在這一領域裏州具有的自主立法權被限制在聯邦沒有使用過的那部分立法權的範圍內。而聯邦對由於被調整的法律關係在一州的立法中不能有效確立時，對由於一州的立法沒有整體意義時，對由於保護法律和經濟的統一，特別是保護超出一州範圍生活境況的一致性時，具有在這一領域的立法權。對聯邦立法，各州可以通過聯邦議院對法案表示異議或贊同。在行政方面，各州具有基本行政權，聯邦只對此進行一般的法律監督。在特定的領域，如聯邦國防軍，聯邦具有自行行政管理的基一八四八年由於商法典的編纂和普魯士法典編纂的影響，統一編纂民事法典的要求也得到了顯著地加強，一八七三年編纂民法典的工作進入了眞正的準備階段。一八七四年一個以制定準備工作計劃和方法的「準備委員會」得以成立，同年又組成了一個由理論和實際工作者混合的委員會開始了制定民法典草案的艱苦工作，直到一八八一年這個委員會才制定出了部分草案，一八八二到一八八七年有關人士對這批草案進行了大量的質詢討論。一八八八年民法典第一部草案得以公布，一八九〇年聯邦議院委託第二個委員會根據公衆對第一草案的批評，建議對法典草案進行修改，這一工作從一八九〇年持續到一八九五年。一八九五年民法典第二部草案正式向聯邦議院提出，一八九六年該法案經聯邦議院和聯邦議院法律委員會的修改提交帝國議會。帝國議會爲此成立了一個專門委員會對民法典草案進行最終的審定工作，一八九六年民法典由帝國議會通過並於同年八月十八日公布，一九〇〇年一月一日該法典正式生效。

德國民法典的編纂實現了人們在啓蒙時代滙編法典的願望，德國民法典的編纂也歸功於十九世紀從羅馬法發展而來的法學研究和立法技巧的高度水平。對德國民法典具有深刻影響的法主要有：一七九四年普魯士國家基本領地法（不只局限於民法），一八〇四年的法國民法典，一八一一年奧地利王國世襲領地基本民法，一九〇七年的瑞士民法典以及一九一一年修訂的瑞士債劵法。

德國民法典的制定、頒布和生效施行影響了一大批相關的法律，進而形成了以民法典爲核心的德國民法體系。

德國民法典共分總則、債法、物法、家庭法、繼承法五篇共二三八五條。總則主要規定了對法典其他部分，其他私法領域以及部分公法領域適用和行之有效的民事法律基本原則。債法規定了債務合同的權利和法律規定的具有典型意義的債務關係中的權利。物法規定了人和物的法律關係，即所謂的法律主體和客體。家庭法和繼承法則具有鮮明的德國特點。

第二次世界大戰以後，德國民法典在其基本結構得以保存的情況下，就條文內容等進行了大量的修改和變更，主要的變化有：一九四六年盟國管制委員會法的施行取代了一九三八年的婚姻法，其重要意義是解除了種族歧視的法律因素。一九五三年「爲重新確立法制統一的法律」帶來了許多州及經濟區域內法律的統一和變化，表現在對民法典的影響上，遺囑法被歸入民法典而不再作爲特別法而游移於民法典之外。一九五七年「平等權法」和一九六一年的「家庭權利變更法」使民法典家庭法和有關家庭財產法的內容與聯邦德國基本法第三條平等權利的基本原則相適應。一九六九年八月十九日根據基本法第六條第五款的內容通過了平等對待非婚生子女的有關法律。一九七六年六月十四日有關婚姻家庭法改革的第一部法律帶來了離婚法的變革，並且於一九七九年七月十八日通過了關於父母供養新規定的法律。另外，一九七九年五月四日的旅行合同法被收入民法典的六五一條，一九八二年十二月二十日有關提高租賃房屋住房條件的法律也被民法典所吸收。可以說德國民法典在戰後的顯著變化主要表現在婚姻、家庭等領域。

2. 民法典和其他民事法律

直到今天，德國民法典依然是聯邦德國民法以及全部私法體系的核心，由於其本身的巨大的影響力，它也是整個聯邦德國法制的靈魂。聯邦德國的民法體系主要是圍繞民法典而展開的。

與民法典緊密相聯的主要民事法律有婚姻法（即一九四六年的盟國管制委員會法），一九一九年的繼承法，一九三九年的失蹤法（該法在一九五一年一月十五日及一九七四年十二月二十日進行了大量條文上的擴充並增加了許多特別規定），這些法律以特別法的形式取代了民法典十三～二十條的有關規定。

還有大量民事法律在民法典有關規定的基礎上發揮著作用，它們有：清償法、兒童宗教教育法、基本就業條件規則、聯邦狩獵法、房屋租賃法、賠償責任法、街道交通法、航空法、宅基法、住房所有法、農業佃租法、租佃信貸法、肥料保險法、航船法和船隻登記法等。這些法律可以歸結於「房屋租賃法」、「賠償責任法」和「農業經濟法」三大領域。

在民事法律體系中還存在一些特別的法律領域，從形式上看他們與民法典的聯繫早已疏遠，但他們與民法典從傳統意義上說仍然具有不可割斷的聯繫。今天，聯邦德國勞動法從形式上看已經非常明顯地與民法典分離，這一實體法甚至已經具有了自己特別的訴訟程序。但是在勞動法裏，是由民法典爲其確定了基本合約的規定，有關法律行爲的規定（民法典一〇四條）有關合同（民法典二四五條），債務法律關繫中的權利（民法典二四一條），有關單一之債的職務合同的規定（民法典六一一條），有關加強勞動保護的法律更是以民法典爲基礎的。必須指出的是對民事法律體系中這些特別法律領域的劃分，至今仍是衆說紛紜。這些所謂的特別法律領域常常表現出公私法混合的傾向。

另外，聯邦德國民法體系裏還有一些法律，他們從民法典制定時就一直作爲特別法而獨立存在，這一部分法律主要指版權法、發明法、專利法、商標法等，不過他們的很大一部分至今已與商法具有了更緊密的聯繫。與此同時商標法和制止不正當競爭法則早已進入了經濟法的範圍。

3.民法典的基本原則

聯邦德國民法典是建立在自由主義基礎之上的法典，這是一種共識，由此形成了民法典的總原則，也就是自由主義的基本原則，它主要表現爲：國家必須遵循公民的意願，國家是國家成員爲保護自己的權利和保衞自己的安全而建立的聯合體，它是一種社會契約，因此，國家只有以保護個體利益爲目的才能眞正確立公民間平等交換的前提。基本人權也只有在契約社會裏才能得以實現，在這種社會裏國家的目的是合乎自然狀態和實現個人自由，公民通過契約與社會緊密相聯，一個市民的自由通過另一個市民的自由來加以合乎理性的限制，在這種基礎上構成人的基本權利，同時也奠定了民法的基石。

在民法典自由主義總原則的基礎上，具體體現出了個人自決的原則，這是民法典的基本原則之一。民法典是一部確立交往秩序的法典，同羅馬法一樣，該法典始終把人作爲法律規範的中心點，對私有制提供特別明確的保護，民法典的物法和債法領域都規定了法律關係當事人的自決原則。卽當事人在債法方面可以自行決定他們之間的法律關係，而不必受法律的約束。同樣，這種自決性原則還體現在民法典的契約自由中，這意味著當事人可以依據他們自己的意願和要求來協議簽定合同。因此，民法典的合同法只規定了大量的有關自然能力、合同變更的法律規定，根據這一原則，在實際交往中當事人可以自行簽約，也可以按照民法典的法定合同形式來簽定合同。當然這一原則在某些法律規定面前也施展不了應有的作用，在民法典裏的有些規定是必須嚴格遵守的，這裏是體現了對自律性的合理限制，爲了整體利益，法律規定當事人強迫以某種法定合同形式簽約。但這只佔很小的一個方面。

民法典的另一個基本原則被稱爲「彈性原則」，德國民法典是一部上世紀末制定適用於現代的具有彈性的民法典，這種彈性是指德國民法典適用的時代延續性。彈性原則可以從民法典條文的抽象性中窺見一斑，正是德國民法典條文的抽象性才能揭開這一法典近一個世紀來始終適應德國社會現實的原因。在德國民法典裏有一些被稱爲基本條款的條文，它們是實現民法典適應現實社會的保證。這些條文主要有一三八條、一五七條、二四二條、八二六條等。在彈性原則下，法律狀態不再被認爲必須準確地予以敍述，合理正當的思維考慮發揮了積極的作用並影響著對法律僵硬死板地運用，人們曾多次對由此產生的法的不確定性而感到憂慮，他們認爲在法律的適用上，法律保障和實現正義總是一對矛盾。單個案件判決中實質意義上正義因素的增強，總會體現出法律保障的削弱，經過長期實踐，一般認爲彈性原則的實現是使法典具有對單個案件和特殊狀況具有更強適應性而必須付出的代價。法典的穩定和連續性同樣也是有效法制的保障。

三、其它私法領域

1. 商法典、有價證券法和知識產權法

在聯邦德國，商法被認爲是民法的一部分在另一種意義上的發展，它主要包括適用於商事領域的民法特別規定。聯邦德國的商法由商法典、商事專業法律，以及其他與商業領域有緊密聯繫的法律規定所構成。

一八九七年五月十日制定的德國商法典，被認爲是至今在聯邦德國行之有效的商法典，該法典的最近一次修改是一九八六年十二月十六日，德國商法典共有商業地位、商社、商業簿記、商業交易、海商五個部分所組成。必須指出的是，在商業地位、商業行爲和商業簿記的一些條文裏不僅包括了商法的規定，也涉及了商業幫工和學徒與業主之間的法律關係，這些規定也視爲勞動法的一部分。在商法典的商社篇裏規定了商社的法律地位，它對促進社團法作爲獨立法律部門的發展起了十分重要的作用，由此爲基礎產生了有限公司法和行業經濟協作法。另外，商法典與民法典也有著緊密的聯繫，在商業行爲的商業買賣中，離不開民法典買賣合同的有關規定。

除了商法典之外，商事專業法律也是商法的重要淵源之一，在這方面主要有票據法、銀行法、抵押法和股票法，以及調整貨物運輸法律關係的有關法律規定。諸如卡車貨運規則和訂貨單規定等。一九三三年六月二十一日制定，一九八五年七月十七日修改的滙票法主要規定了滙票的基本形式、滙票程序、滙票調控、滙票擔保等內容。一九三三年八月十四日制定、一九八五年七月十七日修改的支票法主要涉及了支票形式，各類支票在銀行中的作用，支票的使用，支票的擔保等內容。有價證券法中的支票法和滙票法在商法中發揮著不可忽視的作用，因爲在聯邦德國這樣一個現代發達的商業社會裏離開了有價證券幾乎是難以設想的。

在現代社會的發展中，商標法、版權法和專利法與商法發生了越來越緊密的聯繫。一九六八年一月二日制定、一九八六年八月十五日修改的聯邦德國商標法始終發揮著積極的作用。在版權法方面，直到一九六五年聯邦德國文學作品和藝術作品的有關版權保護還由不同的版權法予以保護，一九六五年九月九日隨著版權及相關領域保護法的公布施行，使對文學作品和藝術作品的版權保護在一部法律裏得以體現。這部版權法規定了版權保護的對象、版權使用權以及對版權的限制，對錄音製品的版權保護也給予了確認。

一九八〇年十二月十六日重新制定的專利法是聯邦德國專利法的基礎，它主要規定了對發明創造授予專利的程序、產業利用的准許以及專利所有人對專利佔有、製造、使用、轉讓的權能。

一九〇九年六月七日制定並經多次修改的制止不正當競爭法也是與商業領域具有緊密聯繫的法，該法禁止在商業交往中進行違反善良習俗的競爭。所謂違反善良習俗的競爭被規定認可爲在競爭中侵佔他人勞動成果、欺騙、賄賂、誹謗、阻礙(特別是抵制、封鎖的行爲)、不客觀宣傳，以及在市場上哄抬物價等行爲。對不正當競爭可以依法要求停止，並進行損害賠償以至罰款。

今天在聯邦德國的商法中，由於商事專業法律規則的日益增多，使得立法對習慣法的認可顯得十分謹愼小心，但是在商業交往中行之有效的一般商業規則仍然發揮著積極的作用，一般商業規則不是法律規則，他們也不被認爲是習慣法，在商業實踐中，一般商業規則調整了法律沒有規定的領域。因此，在整體考慮聯邦德國商法的發展方向上必須對一般商業規則予以充分地重視。

2. 勞動法

聯邦德國勞動法主要指調整有關僱用勞動領域內的法律規範，它規定了雇主和雇員之間的法律關係，就雇員而言，不僅指因勞動合同而從事體力勞動的工人，也指以思維形式進行腦力勞動的職員。勞動法不僅是私法領域的法，比如勞動合同法、解雇法等，也涉及到一些公法領域，諸如雇員保護、勞動法院管轄等法律規定。由於在歷史上勞動法與民法的關係十分密切，所以在體系安排上一般被視爲私法而歸類。

早在魏瑪共和國時代，德國的立法機關就開始了制定統一勞動法的努力，但這種願望一直沒有實現，勞動法始終沒有被編纂成爲一部統一的法典，它只是以零散單一的法律規定無系統地涉及了有關勞動領域，有關勞動法內容的法律規定反映在其他法律的條文中，比如在民法典、商法典、行業企業規則、青少年保護法和海員法的條文中，一九六九年八月十四日制定的第一勞動法律清理法把有關解僱的法律規定納入勞動法，由此開始了系統勞動法的清理工作。很久以來，聯邦德國也一直在試圖制定勞動法典，因爲統一的勞動法典會使雜亂零碎的勞動法規變得清晰完整，這種努力直到今天也沒有停止過。

依聯邦德國基本法的規定，勞動法的立法由聯邦和州共享，基本法充分肯定了工人運動的成果，不僅確認了戰後經濟區內的勞動法規，也確認了帝國時代的勞動法。並視之爲聯邦法律。在勞動法領域，習慣法和自治法律規定，如工資合同、企業協定，也是州與聯邦勞動法的重要淵源之一。

戰後在勞動法領域具有重要意義的法是一九七二年一月十五日制定並經以後多次修改的企業組織法，這部法律特別涉及了企業理事會的權利，僱員的共同參預和作用等內容。一九六九年九月二十五日制定的勞動促進法也部分涉及了勞動法的有關領域，特別涉及了職業培訓的資助和失業人員的保險問題。在行業企業規定裏也有勞動法的內容。諸如行業僱員的雇傭條件、勞動報酬、事故預防、病假工資的支付等，一九五七年七月二十六日新的海員法又對海上勞動進行了規定，七十年代初隨著聯邦德國經濟的飛躍，帶來了外籍工人的問題，由此而產生的對外籍工人的管理和調控，體現在勞動促進法裏也成爲勞動法的新內容。

罷工和對罷工者的解雇理所當然地由勞動法來調整，但對這一問題無論是基本法或某一專門勞動法都沒有涉及，不過在各州憲法裏對罷工權利給予了充分保護。然而對罷工者解雇的禁止卻被聯邦勞動法院判定爲無效，其理由是這種禁止與有效的勞資協議原則不相符合。

聯邦德國勞動法的立法者無論是州還是聯邦，始終以工人運動的既得成果爲出發點，充分考慮勞動條件與人的基本權利之間的關係，充分考慮聯邦德國社會國家性質這一基本結構，社會國家性質在勞動法裏的各個分支領域中得到了深刻地體現。比如就業、雇員保護、解雇、休假等。在這一方面比較突出的法律規定有一九六一年八月十四日制定並在一九七四年四月二十九日大規模增補的嚴重殘廢人法，一九七六年四月十二日制定一九八六年四月二十四日修改的青少年保護法，一九六八年四月八日的母親保護法和一九六一年七月十二日的雇員財產集聚法等，這些法律充分體現了社會化的性質。

四、其它公法領域

1. 聯邦德國刑法典

戰後聯邦德國的刑法一直處於不斷的變革之中，這種變革最主要表現爲對刑法典的改革。一八七一年五月十五日制定的德國刑法典是以受到一八一〇年法國刑法典深刻影響的一八五一年普魯士刑法典爲藍本的。這部法典共分總則和分則兩個部分，總則主要包括對犯罪行爲進行刑罰所適用的一般規則，分則涉及各類刑罰的詳細情況。

這部法典在發揮了一定的歷史作用之後，隨著時代的變化，越來越不能適應發展了的社會現實，數十年前已經有人試圖對該刑法典進行改革，但這種改革只停留在對法典某一部分的增補和修改上。聯邦德國成立以後，一九五三年聯邦司法部根據理論和實際工作部門的研究和實踐成果開始了舊刑法典的改造工作。一個由理論界和司法實際工作領域的專家們組成的大刑法委員會在一九六二年提出了新的刑法典草案，這一草案在聯邦議會進行大規模的討論。一九六九年七月四日第二個刑法改革法帶來了具有突破性的進展，總則部分在形式上予以了變更。緊接著一九七〇年五月二十日和一九七三年十一月二十三日第三和第四刑法改革法又帶來了分則的更新，一九七四年三月二日爲適應刑法典指導法的施行又對分則進行了相應的修改，一九七五年一月一日刑法典條文以全新的面目出現在公衆面前，從而完成了新刑法典的制定工作。

新的聯邦德國刑法典與刑法學理論和刑事司法實踐的最新成果相聯繫，直接反映了現實社會的許多問題，涉及了墮胎、對性犯罪刑罰的演變等，它與技術進步息息相關，涉及了磁帶錄音、對放射物濫用的處罰等，另外，在刑罰上也體現了適應社會發展的進步性。從刑法典改革的過程中可以了解從舊刑法典向新刑法典變更的主要領域。

一九六九年六月二十五日的第一次刑法改革法把與監禁意義等同的雜亂概念從刑法中剔除並歸於明確的「自由刑罰」。在對性犯罪的刑罰方面，對成年人的通姦、同性戀和獸姦的刑罰被予以取消。一九七〇年五月二十日第三次刑法改革法出於對民主自由原則的考慮，取消了有關對反國家權力集會的處罰，而過去則視此種集會爲騷亂。一九七三年十一月二十三日第四次刑法改革法帶來了進一步的變化，主要表現在對所謂違反習慣風俗、違反婚姻、家庭罪處罰的變更上，「淫亂」的概念被「性行爲」所取代，對「傳播淫亂物品」的處罰範圍也相應縮小。爲了保護青少年，禁止性虐狂、童姦、獸姦行爲的錄像，強姦和嚴重違反習慣風俗的性行爲必須受到嚴重刑罰。刑法典最困難的改革是對墮胎刑罰的變更。一九七四年六月十八日第五次刑法改革法使具備醫學證明的墮胎合法，並在司法中進一步擴大爲只要具備優生證明即視爲合法墮胎。但是聯邦憲法法院判定懷孕十二週以內的墮胎與基本法規定的生存權相違背而視爲非法。爲此，一九七六年五月十八日第十五次刑法改革法又確定了新的墮胎規定，確立了四種合法墮胎許可：醫學許可，即爲了避免懷孕者的生命危險和嚴重身體健

政法的法律淵源主要表現爲法律、法規、行政條例、習慣法和一般法律原則。就法律而言是指基本法的有關原則，法規是依法由有關部門確定的法律規定，行政條例是公共機關就一定領域制定的行政管理條例，如圖書館使用須知等。習慣法只在某些極小的法律領域裏存在，比如在行政程序的某種法律形式中。一般法律原則是由基本法或其他法律思想指導的法律原則，他們在行政法的適用和解釋上都發揮著應有的作用。

聯邦德國最重要的基本行政法是一九七六年五月二十五日制定，一九七七年一月一日生效的行政程序法。這部法的誕生，被認爲是基本行政法成文化的體現。直到那時爲止，基本行政法從總體上來說只具有習慣法的形式。在這一領域，基本法律原則的作用相當活躍。一九七六年的這部行政程序法吸收了歷史上各次行政立法的經驗，以基本原則的形式確定了法律條文，使之與法律實踐緊密相聯，具有靈活性。該法共分Ⅰ職責和行政救濟，Ⅱ關於行政程序的重要基本規定，Ⅲ行政行爲，Ⅳ各種特別程序，Ⅴ計劃確立程序，Ⅵ法律救濟程序等六個部分，行政程序法只在聯邦有效，但實質上由各州予以認可並付諸適用。

除了行政程序法之外，在行政法領域比較重要的特別行政法規還有警察法和文官法。依基本法第三十條的規定，警察事務和警察法是各州的基本事務，在這一方面聯邦只有在某些特定的領域才享有一定的權限，諸如憲法保衞、聯邦邊境保衞和聯邦刑事局的建立等工作上，因此從總體上來說，聯邦德國的警察法表現爲各州的警察法。各州警察法與警察管理法都包含著一個關於警察任務的基本條款，這一條款的內容基本相同，它確立警察維護公共秩序、防止危險的職責；此外，警察還有稱爲防範的職責，即警察不僅必須阻止犯罪，還必須對犯罪行爲進行揭露，警察在刑事訴訟中發揮著舉證的主要作用。在基本條款之外，聯邦各州的警察法也各有不同。舉例來看州警察法主要規定了如下幾個方面的內容，Schleswig-Holstein州的警察法主要爲一九六八年十二月九日制定，一九八二年十二月二十二日修改的警察組織法，它規定了警察的建立、公共自主管理的作用、地區性職責、助理警官，以及警察事務的財政管理，在這部州法裏依法確定警察事務由州來進行管理，並把警察置於州內務部的領導下；該州警察分治安警、刑警和水上警察，該法詳細規定了三支警察的活動範圍。

聯邦文官法也是一部重要的特別行政法，它於一九八五年二月二十七日制定，並經過了多次的修改，它規定了文官從業開始和結束的條件，文官的義務和其他權利等內容。需要特別指出的是，該法規定聯邦德國文官人員是爲全體人民而不只是爲某一政黨服務，他們根據公衆的要求，非黨派性的完成自己的職責，聯邦文官通過自己的行爲促進自由民主秩序，在政治利益面前保持中立和克制的態度。文官法還規定聯邦文官只能由德國公民擔任，任期直至去世或由紀律處分而結束。文官權利行使由退休而中止，但文官稱號是終生榮譽。一九五二年十一月二十八日及一九六七年七月二十日修改的聯邦文官紀律條例規定著對文官的處分事務。與聯邦文官法平行的還有一部涉及文官的法律，它就是一九七八年十一月十五日制定的聯邦文官升遷法。一九八一年七月八日該法進行了修改，這部法規定了對文官的考核和培養辦法。

它主要分九個部分，Ⅰ總則：主要規定了對文官能力、專業成績判定的標準。規定了初級、中級、高級，最高級四個職稱及各專業系統的升遷辦法和考察期等內容，Ⅱ升遷申請：規定了有關各級升遷准許資格的一般規定。Ⅲ特別專業的升遷：規定了實習、參加升遷考試的學歷標準，主要從業方向以及同等學歷的可能性。Ⅳ其他候選人的申請：具有生活和職業經驗者可在沒有呈交職業培訓證明，在參加考試後承擔文官職責，前提是必須在規定的年齡裏，由聯邦人事委員會同意並由工作單位進行相應的考試。對受過正規教育及考試的文官們適用的升遷辦法對此類其他申請者不適用。Ⅴ職務考核：對聯邦文官至少五年進行一次職務考核。Ⅵ—Ⅸ，培訓；主要規定了對文官培訓的有關事宜。

一般認為，行業企業法、健康事務法、教育事務法、學校法、高校法、青少年保護法、街道和道路法、礦山法、水法、環境保護法、自然保護法，旅客運輸、貨物運輸法，航空法、航船法等也是特別行政法規。它們與基本行政法——行政程序法一起構築了聯邦德國行政法體系。

3.稅法和社會保險法

聯邦德國稅法的淵源首先是適應於一切稅種的納稅規則。一九七八年三月十六日制定，一九七七年生效的納稅規則取代了一九一九年制定，一九三一年五月二十二日修改的帝國納稅規則。一九七七年的納稅規則主要增加了財政金融管理和行政管理機關確立的有關內容，一九七六年十二月十四日爲了與其他稅法相適應，還制定了一個實施細則類型的法律。與此同時財政金融法院規則和財政金融管理法也是稅法的重要淵源之一。其次聯邦德國稅法由單項稅法所表現。它們主要有：所得稅法、社團稅法、財產稅法、銷售稅法和煙草稅法。法律單項規定和避免雙重徵稅的協定也是稅法的淵源。

今天在聯邦德國施行的主要稅法有兩部，它們是一九七七年納稅規則和一九八五年五月三十日的評估鑒定法，該法確定了聯邦、州財政金融機關納稅的標準、範圍等一般規定，在特別規定裏涉及了農業、林業經濟的財產，基本財產和企業財產的統一評估值以及對其他財產，內國財產等的評估鑒定。自一九六〇年以來聯邦德國的稅法有了許多新的發展，主要表現在自一九六〇年到一九七〇年的十三部稅務變更法裏。

聯邦德國建國之後，聯邦立法機關始終致力於社會保險法的立法發展。這種努力是與基本法所確定的社會法制國家原則緊密相聯的。一九五二年八月十三日聯邦立法機關通過法律提高了社會保險和失業保險領域的收入，由於養老金獲取者的收入與實際生活消費水平不相符合，並於一九六七年二月二十三日頒布了新的工人養老金保險法和職員保險法。社會保險法一直進行著不斷地修改和增補。主要爲一九六一年四月二十五日對社會法律性質法規的變更法和一九六三年四月三十日的新事故保險法，一九六五年六月九日的養老金保險變更法，一九六五年八月二十四日對母親保護法增補和變更以及一九六九年的第一和第二健康保險法。

一九七二年的養老金改革法部分實現了社會保險法領域的總體改革方案。除此以外，一九七五年五月七日的殘廢人社會保險法，一九七六年十二月二十八日健康保險發展法也都是社會保險法領域的重要法律。一九八一年七月二十七日制定並在日後經過修改的藝術家社會保險法擴展了藝術家和新聞工作者社會義務的範圍。

目前聯邦德國已公布了社會法典，該法典把有關社會法律性質的法規集中在一起，在法規領域的劃分上，除了社會保險外，還有社會資助，如教育資助、兒童補貼、住房補貼等；社會供給，如對逃亡者的社會保障等。社會法典分總則和分則，總則規定了教育、勞動、社會保險、社會補償、社會救助、對殘廢人的幫助、住房補貼等方面社會權利及有關義務的原則基礎。分則規定了與社會法有關的具體內容，主要涉及教育資助、勞動資助、社會保險、社會補償、兒童補貼、住房補貼、青少年救助、社會救助、行政程序和數據保護等方面的內容。

五、經濟法

1.經濟法的基本概念和淵源

經濟法在聯邦德國法律體系中的地位和概念直到今天沒有得到明確的闡述，法學界和司法實踐一直存在著多種論點。

一般認爲，聯邦德國經濟法是調整國家和經濟體之間法律關係以及關於整體經濟、經濟行會和其他聯合體的組織和活動的法律規範的總和。經濟法包含很廣泛的法規，調整著企業的經營活動、從業准許、從業限制和從業轉向，同時它也體現著國家在經濟關係中的重要作用。聯邦德國經濟法是一種混和的體系，它是一種適合市場經濟的框架，它不僅保證競爭秩序，而且致力於經濟基礎的穩定和消除社會緊張。它保證了國家對關鍵經濟領域的監督，如依照信貸法進行的銀行監督，依保險監督法進行的保險監督。同時也在公共領域進行大規模經營的鐵路、航空、郵政中加強了國家在經濟關係中的地位。聯邦德國經濟法的法律淵源，首先表現爲基本法有關經濟秩序的規定，它們是經濟法的原則基礎，主要爲從業自由、對私有制的保障，和社會國家原則，其次根據市場調控經濟的法律和通過公共手段實現對國民經濟整體調控的法律以及對經濟關鍵領域進行重點調整的法律也是經濟法的淵源。聯邦德國經濟法分爲核心部分和邊緣部分，核心部分經濟法是指那些直接干預宏觀經濟的法律，邊緣部分的經濟法是經濟法與其他法律部門相交聯繫的法。在聯邦德國，一般認爲經濟法從體例上可以分爲總則篇和特別篇，所謂總則篇是指對宏觀經濟普遍適用的和體現經濟法基本原則的法律規範，他們確定了經濟法實質上的具有憲法性質的基礎，如反對限制競爭法和有關物價規定；在特別篇裏主要是對個別經濟部門進行調整的特別法規，如交通能源、農業、財政、廣播、電影、電視法等。聯邦德國經濟法主要表現爲經濟主導法、經濟行政法、經濟訴訟法、經濟刑法和經濟私法。

2. 聯邦德國主要經濟法

聯邦德國主要經濟法分爲三個領域，即聯邦對經濟的調控、行業對經濟的調控和作爲特別法而出現的比如對食品經濟的法律和對農業市場的法律規則等。

一九四八年六月二十四日與西方占領區內的貨幣改革相聯繫，在聯邦德國成立之前由西方占領區管理當局頒布施行的經營管理和價格政策原則法和開放物價規則爲聯邦德國今日的社會市場經濟奠定了堅實的基礎。當時規定除了主要糧食產品和特別規定的燃料價格之外，物價全部放開，這些法的執行使物價眞正成爲經濟領域中有效的調節器；所謂的社會市場經濟原則確定國家從社會利益出發運用市場手段，或在市場手段不足時以其他方式對經濟進行干預；一九四八年的這一系列物價規則在聯邦德國成立後也一直發揮著作用，他們規定並調整農業能源、公共委託事務、交通事務和保險事務等方面的法律關係。一九六七年八月九日通過的穩定法和基本法第一〇九條的更新使國家有義務從整體經濟的角度出發來對經濟進行平衡，這種平衡主要表現爲穩定物價，平衡過高從業水平，平衡有偏向和無度的經濟增長以及外貿平衡等。而這些平衡中運用的主要手段是信貸政策和提高出於政治經濟原因的稅收。宏觀調控也在資金、信貸和聯邦銀行等領域進行，這種調控旣影響著整體經濟的強弱，也導致市場經濟秩序的形成。近年來，在聯邦德國人們對國家調控經濟的做法一直提出疑問，許多人建議法律要爲寬鬆的無規則和更多的市場創造條件，但這方面至今還沒有一部法律達到了這種作用。

一九五七年七月二十七日經過近五年的長期討論而得以頒布施行的反對限制競爭法，其基礎是新自由主義原則，這一法律從一開始就包含著禁止卡特爾的基本內容，它規定了對壟斷企業的監督和對大企業合併的舉報義務，在該法頒布後，數十年來又通過四個補充規定而得到實質上的增加和擴展。第一個補充規定是一九六五年的減緩卡特爾形成和加強對企業壟斷行爲監督的規定。第二個補充規定確立了大規模的法律變化，它通過聯邦經濟部工作小組對大小企業競爭關係的研究，規定了對合併控制的具體條款，同時進一步加強了對企業壟斷行爲的監控。第三個補充規定是一九七六年的加強對報業聯合控制的法律，第四個補充規定是一九八〇年的有關法律，它再次對企業合併和壟斷行爲的監控進行了加強和修正，爲保護中小企業的利益，建立了一套更有效的競爭體制。反對限制競爭法不僅保護了團體競爭，也保護了單個企業的經濟自由，不僅促進了經濟的有效增長，而且也充分排除了壟斷行爲的擴展。它涉及聯邦德國的許多經濟領域，在很大程度上表現在涉外經濟行爲和與共同體卡特爾法的聯繫上。聯邦德國經濟法的基礎是自由主義經濟秩序，在這一秩序中，經濟法通過對私法中的有關經濟內容予以吸收，隨著社會市場經濟的建立，在競爭中經濟法作爲調控手段，在社會經濟領域中發揮著不可替代的作用。

六、作爲聯邦德國法律淵源的國際法和教會法

1. 歐洲法

聯邦德國基本法第二十五條規定「所有國際法的基本原則是聯邦德國法律的組成部分，它們優於一般法律並由其直接產生聯邦區域內居民的權利和義務。」從這種意義上看，國際

法的基本原則通過基本法予以確定而反映在聯邦德國內國法中，這些原則在聯邦德國內國法中改變了形式。聯邦德國法律不僅由國家制定的法律組成，也體現了在聯邦境內吸收運用的國際法原則。聯邦德國法律體現著國際法原則的實質內容。國際法是十分年輕的法律部門，形成於一六〇〇年，來自於自然法的思想原則，即國家之間的爭執不應訴諸武力，而必須依照一定的法律規定依法予以解決，早期國際戰爭法得到了充分發展，以後國際和平法也得到了相應的發展。國際法的法律淵源是國際條約，國際法性質的習慣法和自然法，特別國際法包含和平法、中立法和戰爭法。

國際法同樣也是聯邦德國法律的淵源之一。由於國際法至今的不完備和依然存在著許多缺陷，許多法律形式和概念在國際司法實踐、國際法學界也是衆說紛紜，因而很多已經存在的國際法規則在實踐中也不具備現實性。這是今天擺在各國法律工作者面前的問題。在這一方面，聯邦德國堅持法制原則，積極參預和邁進國際法所有領域的制定和發展。聯邦德國始終把這種努力作爲自己對人類歷史所承擔的責任之一，她在這一方面的努力已經在歐洲法的發展上取得了豐碩的成果。

從系統上看歐洲法也是國際法的組成部分，由於聯邦德國是歐洲共同體的主要成員國和其本身一貫致力歐洲共同發展的外交方針，歐洲法的發展對聯邦德國具有特別重要的意義，多年來歐洲法從實踐上也與聯邦德國法律緊密相聯。

歐洲法從概念上嚴格定義是歐洲共同體法，它主要調整基於歐洲煤鋼共同體、歐洲經濟共同體、歐洲原子能共同體意義上的「歐洲共同體」內的法律關係。歐洲共同體的成立公約是歐洲法的核心內容。歐洲經濟共同體是歐洲共同體中最重要的組織系統。它擁有四個機構，他們是歐洲議會、議院、委員會、法院。歐洲議會由四三四位議員組成，他們代表了近二億六千萬選民。議員由直接選舉產生，其主要任務是監督委員會的工作，歐洲經濟共同體的主要機構是議院，它由成員國政府的代表所組成，它是實質上的共同體立法機關，對外由它代表歐洲經濟共同體，它的決定必須由各成員國的同意才能作出。歐洲經濟共同體的最高行政機構是委員會，它由十四個成員國組成，其首要任務是促進共同體法的發展，另外，它具有稱爲「壟斷的提案權」但這種提案必須以多數同意爲前提。歐洲法院地處盧森堡，它是憲法和行政法的組合體，直到最近歐洲共同體各國才確認共同體成員國法院向歐洲法院上訴的審議程序。歐洲共同體法包含著形形色色的規定、決定、法律原則、建議、表態和看法，其中毫無異議起法律作用的是規定，目前共同體法主要涉及面有經濟和市場規則。制定一部歐洲刑法的開端直到目前仍只停留在一些違反共同體規定的處罰條例上，在這方面，這些條例與成員國法緊密相聯。比如內容涉及卡特爾法罰款規定的一九六二年共同體第十七號條例係，它被認爲是教會內部生活秩序的必需，與天主教的等級統治相反，在福音教派內奉行自主管理的原則。因此，嚴明、清晰統一的法律條文在福音教會法中幾乎是不存在的。

今天在聯邦德國，教會與國家之間奉行著互不干涉、互相尊重的原則。羅馬天主教會和福音教會是公法領域的法人，具有自己的納稅權能。宗教信仰和自由得到基本法的保護，在基本法規定的「國家與教會的平衡分離」中確定了國家與教會之間平等的夥伴關係。聯邦德國國家與教會之間法律關係的基礎是基本法第四條的信仰自由，在基本法的一三六、一三七、一三八、一三九、一四〇條裏也都涉及了這一內容。聯邦德國不存在國家教會，這意味著在國家和宗教管理機關之間沒有任何聯繫，每一個宗教團體依法確定和自行管理自己的事務，他們的行政管理活動不受國家和其他市民團體的影響。

國家和教會之間早在中世紀就開始簽定有關協定來調整互相之間的關係，福音教會直到一九一八年才確認了與國家簽定的條約。由此徹底取消了國家教會，爲國家與教會的分離創造了必要的前提。兩次世界大戰之間，天主教會曾於一九二四年與巴伐利亞州，一九二九年與普魯士，一九三二年與巴登簽定了國家與教會之間的協議，這些條約形式與內容在一九四五年後仍被予以承認。甚至一九三三年七月二十日由教會與希特勒德國簽定的帝國條約也在一九五七年三月二十六日由聯邦憲法法院判定仍然有效，從而保證了國家與教會法律關係的持續穩定性。

七、程序法——聯邦德國法制的有效保障

1. 法院組織和法院管轄

聯邦德國法院組織和法院管轄由國家立法決定，依照基本法第九十二條司法權由聯邦憲法法院，由基本法規定的其他聯邦法院和由各州法院行使。在聯邦方面，就法院組織而言有聯邦憲法法院和其他五個聯邦高級法院，他們是聯邦大法院、聯邦勞動法院、聯邦行政法院、聯邦社會法院、聯邦金融法院。另外還有聯邦專利法院和聯邦紀律法院和其他六個軍事法院。在聯邦各州，法院組織的基本形式是地區法院、州法院和高級州法院，各州還具有與聯邦相適應的某些專業法院。聯邦德國法院組織法適用於常務法院管轄（它包括民事案件，刑事案件和其他自訴案件的有關訴訟）作爲常務法院管轄由各州地區法院、州法院和高級州法院處理，位於卡斯魯爾（Karlsruhe）的聯邦大法院是唯一受理常務訴訟案件的聯邦法院。在有些州具有多個高級法院的情況下，可由一個法院來受理。在刑事案件中有關青少年犯罪依該法由州地區法院和州法院組成的青少年法院來受理。聯邦德國法院組織法是在一八七七年一月二十七日制定的帝國法律工作者法基礎上，經過一九五〇年九月十二日的關於重新確

定法制一致性的法律的確認，經一九七五年五月九日重新公布的，它由法院管轄、關於領導和業務分工的基本原則、地區法院、陪審法院、州法院、刑事執行法院、商業事務法院、高級州法院、聯邦大法院、刑事重審、檢察官制度、業務地點、送達和執行、法律救助、公開審理和法警、法庭用語、庭審和判決，休庭等十八個部分所組成。

聯邦和州的各級法院組織依法具有自己的管轄範圍，憲法法院受理國家法方面的案件，聯邦憲法法院是這一司法權的最高層，它是高於所有法院組織的法院，同時也是憲法機關。它既負責審理有關違憲案件，也負責檢查其他立法與憲法之間的關係，一九五一年三月十二日的聯邦憲法法院法規定該法院具有審理聯邦和州、聯邦政府和聯邦議會在憲法方面的爭議和制定違憲行爲和保護基本權利的職能。州憲法法院在對州憲法的施行上也具有同樣的作用。常務法院的審理範圍是基本的民事和刑事訴訟案件。常務法院的審理由地區法院、州法院和州高級法院來進行，它的終審是聯邦大法院，但通常聯邦大法院只確定有關法律問題的原則和方針。專利法院管轄是常務法院管轄中的一個特別分支，它由聯邦專利法院和聯邦大法院兩個審級來進行，一九六一年五月九日公布的專利法規定了聯邦專利法院的組織、責任和審理程序。勞動法院管轄有關雇主和雇員在勞動法方面的訴訟案件，這種爭執由州勞動法院和聯邦勞動法院來審理，其法律依據是一九五三年九月三日的勞動法。

行政法院處理有關公法領域的爭執和保護公民的權利不受行政機關的侵犯，對行政特別領域如社會保險和稅收，由特別法院來管轄，行政法院管轄由州和聯邦行政法院進行，一九六〇年一月二十一日的行政法院規定調整了這一程序的進行，社會法院管轄涉及所有社會保險事務，戰爭受害者的補償和保險等，它與一個特別的行政法院管轄有關，它經一九五八年八月二十三日社會法院法調整由州、聯邦社會法院來審理。

金融法院管轄主要涉及對財政局和海關的收入檢查，聯邦各州都設有至少一個金融法院，終審級是聯邦金融法院，一九六五年十月六日的金融法院規則是這一程序的法律基礎。

除了上述這些法院之外，還有一些對專門人員的法院管轄，對聯邦官員的法院管轄由聯邦紀律法院和聯邦行政法院的紀律庭兩級終審。一九六七年七月二十日的聯邦紀律法院規則是這一訴訟活動的法律基石，各州也同時爲其官員設置了自已的紀律法院運轉辦法。對聯邦國防軍的士兵以部隊職務法院作爲第一審級，聯邦行政法院的軍隊職務庭作爲第二審級來進行審理，這以一九六一年七月九日的國防軍紀律規定爲法律依據。出於對法官特別職務的考慮，一九六一年九月八日的德國法官法確立了特別的法官職務法院，對州在職法官的案件由職務法院爲第一審級，職務高級法院爲第二審級，但這些法院並不是自主獨立組成的法院，它們由其它法院組成。其終審級是聯邦職務法院。聯邦職務法院由聯邦大法院中的特別庭來組成。對聯邦法官而言這是第一也是終審法院。法官職務法院也審理有關檢察官的違紀案件，對公證人員的紀律案件管轄則由州高級法院作爲第一審級，聯邦大法院作爲第二審級來進行。某些職業的從業者，比如律師、專利代理人、稅務工作人員、經濟檢查人員、醫務工作人員、牙醫、獸醫和藥房工作人員以及其他對公民和社會具有高度責任的人員，法律都制訂了專門的法律調整他們從業的權利和義務。如果這些人員違反了相應的法律可由榮譽法庭來進行審理，對嚴重違法者可以禁止其從業，這一法院管轄的終審級是聯邦大法院的特別庭，在各州的州法裏也都規定著這一法院管轄的情況。

2. 憲法法院的組織結構和活動

聯邦德國基本法確立和保證了聯邦共和國國家機關的正常運轉，同時也確立了聯邦、聯邦各州國家生活的貫徹，保障了聯邦公民的基本權利和自由。基本法通過分權原則使得民主制度和法制制度在聯邦德國的社會裏深深地打下了基礎。在基本法裏，立法者賦予第三種國家權力——司法權以特別重要的意義。在其他司法管轄之外，聯邦德國還設立了憲法法院管轄，憲法法院監督所有國家機關依照憲法行事。聯邦憲法法院建於一九五一年，設在卡斯魯爾，它是一個自主獨立的審判機構。聯邦憲法法院具有雙重任務：它既是司法機關又是聯邦憲法機關，它獨立於其它立法機關，如聯邦議會、議院、聯邦總統、聯邦政府；不受任何法院系統的管轄和聯邦政府部門的管理。聯邦憲法法院依法監督所有國家權力的行爲是否符合憲法，它可以否決其它法院的違憲判決，也可以否決議會通過的違憲法律，還可以否決政府和其它行政部門違憲的決定。從管理範圍上來說，聯邦憲法法院與世界上其他國家同類型法院基本相同。聯邦德國各州基於自己的州憲法也設立了州的憲法法院，其中一部分也稱爲國家法法院，由於實際受理的案件不多，因此法官通常由其他法院的職業法官兼任，所有州憲法法院具有獨立地位，他們並不受憲法法院的制約。聯邦憲法法院由兩個審判庭組成，每個庭有八位法官，每個庭的職責範圍由法律決定。在這兩個獨立的審判庭裏，具有固定的法官，兩庭法官不能互相替代。第一審判庭庭長是聯邦憲法法院的院長，副院長領導第二庭的審判工作。在至少有六位法官到庭的情況下，兩庭都具有判決權。但例外情況也可以召開聯邦憲法法院參議會，由兩庭全體法官的全體到會來進行判決。聯邦憲法法院的法官必須年滿四十歲，具有一般法院審判經驗，他們中的一半由議會，一半由議院選出。在議院的全會中必須以三分之二的多數通過。在聯邦議會則由十二人組成專門委員會負責依法經三分之二多數選出法官，這種通過政治機關而進行的法官選舉，究其原因是由聯邦憲法法院本身既是法院又是憲法機構的雙重性質所決定的。多數表決法來進行選舉可以保證不存在單方面的政治多數對聯邦憲法法院的影響，每個審判庭裏有三位法官是從五個聯邦高級法院的法官中選出民事訴訟規則確立的基本原則主要爲：尊重當事人，尊重訴訟內容的原則，法院具有解釋義務的原則，尊重事實的義務以及當事人合作支持的原則，口頭性、直接性和公開性的原則，法律保障的原則和自由心證的原則。民事訴訟的基礎是當事人通過訴訟活動確定訴訟內容，即民事訴訟只對當事人提出的訴訟內容進行審理；法院的解釋義務是合法訴訟不可分割的一部分，法院院長具有對所有客觀的、法律性的和程序性的事實進行解釋的義務。他還具有對訴訟業務提出具體意見的義務，法院審理的每一程序都必須依法進行；依照民事訴訟規則第一三八條的規定，當事人必須以事實爲根據進行訴訟活動，當事人應該儘快提交訴訟所需要的材料，必須按規定到庭，任何遲延都視爲過錯，延遲的要求也可以被駁回。在家庭法律糾紛上，當事人爲了證明血緣關係可以進行遺傳因子檢查，並在必要時進行血液檢查。法院依法對無理拒絕可以予以強制檢查；民事訴訟規則的第一二八條規定在民事法律訴訟中當事人必須在規定的法院首先進行口頭訴訟，口頭訴訟程序也可以在當事人同意的情況下由法院規定不予進行。直接性是指判決必須以口頭程序中陳述的內容爲基礎，民事審判必須公開。民事訴訟規則提供了在民事審判中對事物進行客觀表述的保障，因此必須予以遵守，如果不依法辦事就會阻礙公正，有效訴訟的進行。還必須注意的是，聯邦德國的法學家們也強調，如果法律沒有被正確運用時也會導致程序上的混亂和對法制的破壞。民事訴訟規則的第二八六條規定，法院在聽取了全面訴訟內容和確認了大部分證據後，可以通過自由心證來進行判決，即通過一種接近事實的可能性判斷來決定一件事實闡述的眞實性。在判決裏可以顯示，那些部分是由自由心證決定的。聯邦德國的法官們認爲，對事物眞實性的認識是建立在這樣一種可能性上，即這種可能性與眞實性的接近在實踐中已是不可區分了。自由心證可以達到這一目的。

一八七七年二月一日制定並經過日後大量重要修改的刑事訴訟規則直到今天仍然在聯邦德國發揮著有效的作用。一九八七年四月七日該法又進行了許多細節上的修改和變動，對刑事訴訟規則具有重大影響的法律，在戰後主要爲一九五三年八月四日的三個刑法變動法，它們首先擴展了由於職業秘密而享有的拒絕作證權，其次對被告給予了進一步的法律保護，再次儘可能避免了拘留審查的執行和簡化了刑事審判程序。六十年代，聯邦德國通過法律對刑事訴訟規則和一九六四年十二月十九日制定的小刑事訴訟規則進行了修改，使拘留審查的規定和保護被告的原則朝著極健康的方向實質性地取得了進展。由此，被告人的地位得到了改善，法官廻避的規定進一步擴大了內容，主要審判程序也發生了新的變化。其他比較重要的變化主要集中在刑事訴訟規則與一九六八年五月二十四日《關於違反規則的法律》的聯結上。在這一方面主要確立了刑事訴訟、罰金程序和教育程序之間的關係和地位。七十年代實體法刑法的改革成功也對刑事訴訟法規則發生了顯著影響。一九七四年十二月九日和二十日制定的刑事訴訟改革法引起了刑事訴訟程序的大量簡化，比如被告最後陳述和法官預審都被取消，但這些變更也常常被被告濫用。一九七九年有關刑事訴訟法變更法使審判程序的時間得到了明顯縮短。八十年代刑事訴訟規則仍然是改革變動的目標。一九八六年十二月十八日的保護受害者法首先改變了附帶起訴人的意義，其次擴大了對私生活以及對公衆不置公開內容提問的避免和保護，從而使對刑事訴訟程序的侵害大大減小。一九八七年一月二十七日刑事訴訟法變更法確立了減輕刑事審判人員負擔和加快訴訟程序的原則基礎，另外，刑事訴訟規則還通過法院組織法的有關規定得到了補充，特別是有關刑事法院的責任、檢察機關的建立、審判程序的公開、司法警察的配備、法官的決議等重要內容上。

4.行政訴訟

行政法院是聯邦德國法院系統中較爲重要的一部分，它主要審理有關行政機關之間以及行政機關與公民之間發生的訴訟案件。其目的是監督行政機關的活動，保護公民不受國家權力濫施權威。行政法院的建立，行政訴訟程序以及行政法院管轄的具體內容都由一九六〇年一月二十一日制定的行政法院條例所規定。

一般來說，聯邦德國行政法院審理公法領域裏的糾紛，這些糾紛通常是那些不能通過聯邦法律在其他法院解決的。行政法院也可以審理兩個行政機關之間的糾紛，它還可以審理公民與行政機關之間的糾紛。通常後一類糾紛在行政法院的審理紀錄中佔有更大的比例，比如，對行政機關行政命令的不服可以進行「撤銷之訴」，即要求取消某一行政命令；不過，也有依法爲了公民的個體利益，要求行政機關頒發某一行政命令的訴訟；比如，發放建築許可或營業許可，這又稱爲「義務之訴」，即行政機關必須依法爲一定的義務。此外，行政法院還審理所有有關對國家官員的訴訟。

雖然聯邦德國行政訴訟管轄的範圍通過行政訴訟規則的基本條款給予了規定，但這一範圍受著明確的限制；憲法方面的爭訴由憲法法院受理，公法領域有關損害賠償的案件歸民事法院處理。在行政領域的某些特殊方面還存在著特定的法院管轄，比如社會保險事務由社會法院管轄，財政金融法院管理有關稅務方面的事務。聯邦德國行政法院主要有三個審級，第一審級爲州行政法院，第二審級是聯邦各州的行政高級法院，第三審級是位於柏林的聯邦行政法院。州行政法院由法庭構成，法庭一般有三位職業法官和兩位榮譽法官，州行政高級法院也由法庭或稱議事庭構成。法官的配備與行政法院相仿。但有些州的行政高級法院裏的議事庭只有三位職業法官。榮譽法官的任期爲四年，他們不可擔任其它職務；聯邦行政法院的法庭由五位職業法官組成。州行政高級法院負責審理有關對州行政法院判決的上訴，對州行政高級法院的判決還可以向聯邦行政法院上訴，但這一上訴必須經州行政高級法院的同意；在特定的情況下，當事人也可以越過正常上訴程序直接向聯邦行政法院提起上訴，前提是當某一判決違反聯邦法律，在這種情況下即使某些州規定州行政高級法院爲終審級，也可以越級上訴。在聯邦行政法院裏還有一個稱爲「駐聯邦行政法院聯邦高級顧問處」的機構，這一機構受聯邦政府的直接委託，作爲公共利益的代表在確定法律方面給予聯邦行政法院以幫助，這一機構負責歸納某些個別案件的一般法律意義。同樣的機構在某些州的行政法院和州行政高級法院裏都有。在行政訴訟裏法院只對行政文件、行政命令的違法性和合法性作出拒絕或停止這一行政命令，判定是否合法的判決，但法院不進行這一行政命令是否合理的判決，它不具備取代行政機關對事物進行判斷的權能。在聯邦行政法院裏，訴訟人必須通過律師或高校中的法律教師進行訴訟，在州行政法院或行政高級法院裏的訴訟可以通過具有代理能力的代理人來進行。

八、聯邦德國法學教育

一九八三年聯邦德國各法律院校的新生人數打破了歷史上的最高紀錄，達到了二三三、〇〇〇名，一九八七年也出乎意料地接近二三〇、〇〇〇名。據統計進入九十年代以後的年增長率爲二%。一九八七年法律候補文官（指通過了第一次國家考試，完成高校法學理論教育的學生）人數達一六、〇〇〇，其中婦女占三〇%，據估計一九九〇年將有九、〇〇〇名完成全部法學教育的法律工作者通過第二次法律國家考試進入實際工作領域。一九八五年聯邦德國共有一一五、〇〇〇位法律工作者在各領域工作，其中四七、〇〇〇是律師（七十年代初已有二五、〇〇〇法律工作者從事律師工作，一九八七年這一數字升到五二、〇〇〇，估計一九九四年將達到一〇〇、〇〇〇名律師），七、〇〇〇名是公證員，三五、〇〇〇名爲司法領域法律工作者，其中二一、〇〇〇名在審判領域，一二、〇〇〇名在經濟領域。一九八八年有近五、〇〇〇名法律工作者登記尋找工作，而同時只有一八〇個工作位置可供選擇。統計數字客觀地敍述了聯邦德國法學教育總的狀況和存在的問題。在聯邦德國，法學教育也由一整套的法律來調整，這些法律也被人戲稱爲法律的金字塔，塔尖是德意志法官法，這部法是聯邦範圍法學教育的基礎。在此基礎上，聯邦各州制定出州法學教育的細節，在大多數州通過了「法律工作者教育法」這被認爲是對聯邦法學教育基礎的認可，另外，州還通過自己的「法律工作者教育規則」和「法律工作者教育和考試規則」來對自己的法學教育確定框架，這些框架又隨卽成爲各高等院校法律系學習規則的支撐點，從而完成了金字塔塔基的構築。

目前在聯邦德國存在著兩級法學教育和一級法學教育兩套體制。兩級法學教育是德國法學教育的傳統形式，也是迄今爲止的標準形式。自一九七一年開始，德意志法官法也確認了一級法學教育的法律地位，這是七十年代末聯邦德國法學教育改革的產物，由於它的成果並不明顯而逐漸失去了原有的活躍性，但它在有些大學依然存在，比如漢堡大學就分設了兩套體制的法學教育。

雖然兩級法學教育制度在德國已有近二百年的歷史，但它至今仍然在聯邦德國的法學教育中發揮著積極的作用。兩級法學教育開始於最少七個學期的高校法律系學習，這一學業必須以通過第一次法律國家考試而結束。第一次法律國家考試在絕大多數州裏由書面考試和口試兩個部分組成。書面考試有兩種形式：1.家庭作業，2.閉卷考試。純閉卷考試通常由八門閉卷考，每門五個小時；混合型考試也必須有三～四門閉卷考試，家庭作業規定必須在九周內完成。對究竟採用何種形式的書面考試，在德國法學教育界從歷史上就存在「南北之爭」。普魯士時期已存在家庭作業的形式，因此至今在北部昔日普魯士地區的各州仍然保存了「家庭作業」的形式。而在巴伐利亞，萊茵郎德普夫拉兹（Rheinland-Pfalz）和薩爾州等南部各州則始終堅持全閉卷的書面考試形式；實際上這兩種形式各有利弊，很難一時予以統一；不過這種區別的存在也給人們提供了一種選擇的自由。口試由四位考官進行；他們分別來自高校和實際工作領域；口試一般在筆試後的數周或數月後，參加者必須是書面考試的通過者。口試內容涉及全部必修課和選修課，沒有事先規定的題目，時間爲五小時，除了考試形式不一樣，考試登記的時間也各有區別；有的州可以隨時登記考試，而有的州只有一年兩個固定日期可供登記考試。第一次國家考試由國家考試局舉辦，高校教師的實際工作者參加主考但評判標準和方式各州不同。不及格者只有一次補考機會，通過第一次國家考試者並沒有學位，只是進入了被稱爲「候補文官」的準備期；兩年的候補文官期主要用於在各法律領域的實習，以便參加第二次法律國家考試；德意志法官法規定在候補文官期的實習地點可在日常事務法院，涉及民事訴訟事務或刑事訴訟事務和檢察官業務。也可在州或聯邦的立法機構、行政機關，還可以在律師事務所以及行政、勞動、金融、社會法院，此外在公證處、工會雇主協會、其他職業性獨立管理機構；在經濟企業，甚至在跨國公司，或國外律師事務所以及其他適合於法律培訓的位置上，他們在一個崗位上的停留期至少爲三個月，最多在五個位置上逗留完成實習任務，候補文官們必須證明他們已有效地學完了全部課程，並能擔當起與之相適應的工作。在兩年實習期後，他們參加第二次法律國家考試，從而完成全部法學教育。第二次法律國家考試是爲了確認候補文官是否經過預備期達到了法學教育的目的，主要考查其是否具有能力運用已掌握的知識來解決實際問題，是否勝任法律領域和其它行政領域的工

貳、經濟

戰後西德經濟

——從戰後廢墟到世界工業強國

張勝洋

與日本一樣，戰後西德經濟的發展也是當今世界的一大「奇蹟」。在短短的幾十年時間內，西德從一片戰爭廢墟發展成爲世界工業強國之一：一九四八年，德國的工業僅相當英國的三二%，法國的九二%；到一九五五年，就已經趕上了英國和法國。如果以一九五〇年的工業指數爲一〇〇，則一九六〇年達到二四〇，年平均增長率高達九・二%❶；從一九六〇年到一九八二年，西德的實際國民生產總值翻了一番多❷；西德還是世界第二貿易大國，與世界經濟聯繫緊密，並對其發展產生著重大影響。可是，七十年代末、八十年代初以來，西德經濟也開始不景氣起來，不僅經濟增長速度放慢，而且失業與通貨膨脹併發，「滯脹」病

❶ 見卡爾・哈達赫：《二十世紀德國經濟史》，第一六八頁。

❷ 見《德國詳識——德意志聯邦共和國》，第一六二頁。

難以治癒。九十年代伊始，德國的統一也提到議事日程，如何解決經濟上落後的東德所面臨的問題，將給西德經濟提出一系列新的任務。

要了解戰後西德經濟的發展，必須從兩方面着手：第一，要認識西德的社會經濟制度。二次大戰以後，西德的經濟體制以「社會市場經濟」而聞名於經濟學界。在凱恩斯主義佔主導地位的世界經濟中，一種以自由主義思潮爲主的經濟學說能立足於經濟理論之林，就應值得特別的重視。如果把廣爲傳播的西德「經濟奇蹟」與這一理論聯繫在一起，就顯得更爲玄乎了。

第二，我們感興趣的自然是「社會市場經濟」在戰後西德經濟實踐中的運用，及其產生的客觀效果。換句話說，我們要了解「社會市場經濟」政策的產生、付諸實施以及失靈的全部過程，認識凱恩斯主義經濟政策以及其他新自由主義經濟政策在西德經濟中的地位和作用。

據此，我將在以下首先介紹戰後西德的經濟體制——「社會市場經濟」，然後，分不同階段對西德經濟在戰後的發展及經濟政策措施進行闡述，最後，我將扼要地介紹一下西德的對外經濟關係。需要說明的是，因爲篇幅的限制，只能對戰後西德經濟的發展作一入門性的介紹，而不能對每一專題進行更爲具體的探討。此外，如果讀者具備一些關於聯邦德國的社會、政治、歷史等方面的初步知識，將有助於加深理解。

一、西德的經濟體制：「社會市場經濟」制度

對經濟學稍有點了解的人都知道，在本世紀三十年代的世界經濟大危機以後，凱恩斯主義理論（Keynesianism）取代了傳統的自由放任的市場經濟學說，在經濟理論中取得了主導地位。一九三六年，美國總統羅斯福（Roosevolt）推行新政，這一以國家干預爲中心的經濟理論便得以在經濟政策中實施。第二次世界大戰以後，凱恩斯主義經濟政策更是風靡一時，成爲征服經濟危機、走向經濟繁榮的靈丹妙藥。可是，在西德卻恰好相反，標榜爲「社會市場經濟」的西德新自由主義不僅能立足於經濟理論之林，而且被運用到經濟實踐中，被吹捧爲五、六十年代西德「經濟奇蹟」的理論支柱。

1.「社會市場經濟」的歷史淵源和主要代理人

市場經濟理論可以追溯到二百多年以前的「經濟學之父」A・斯密，一七七六年，其經典著作《國民財富的性質和原理的研究》出版，經濟學作爲一門科學第一次成爲一個完整的體系。其後，J・S・米勒及A・馬歇爾都對市場經濟理論進行了不同程度的完善和發展。

但是，「社會市場經濟」並不是市場經濟理論的邏輯結果，它的歷史源於本世紀三十年代，

主要有兩個淵源：新自由主義的社會經濟學家和弗萊堡學派。

新自由主義社會經濟學家的最主要代理人有A・呂士多夫（A. Rūstow）和W・羅普克（W. Rōpke）。一九三二年，呂士多夫在「社會政策協會」的一次講演中，闡述了他的新自由主義原理：建立一個強大的、立於各利益團體之上的國家，實現一個以經濟的社會目標爲準繩的市場經濟秩序，保證這樣一種經濟秩序不受到諸如壟斷、集中及各種利益團體的損害❸。同一時期，W・羅普克也在伊斯坦布爾和日內瓦創建了新自由主義的社會哲學基礎❹。「社會市場經濟」的第二個淵源來自德國。還在納粹統治的時候，任教於弗萊堡大學的教授歐根（W. Eucken）、別姆（F. Bōbm）以及格羅斯曼—多特（H. Großmann-Dorth）就於一九三七年出版一種刊物，稱作《經濟秩序》，主張建立自由經營的社會經濟秩序。同一年，同樣任教於弗萊堡大學的經濟學教授米基什（L. Miksch）發表了他的著名論著《競爭重任——競爭秩序的基本原則》。

自由主義經濟學家的中心要求是建立一種原則上是自由、但又承擔著社會義務的經濟秩

❸ 請參閱A・呂士多夫：《利益政策？還是國家政策？》，發表在社會政策協會的叢書第一八七卷。一九三三年，慕尼黑。

❹ 請參閱W・羅普克：《今日社會危機》，第五版，蘇黎世，一九四八年。

序，並以一個強大的國家來保障這樣一種經濟秩序。他們認爲，十九世紀實行的不受國家干預的自由市場經濟必然導致人類的變本、產生貧窮和人剝削人的現象，而第一次世界大戰以後的經濟政策上的實踐則既不能保證經濟上的穩定，又不能保證政治上的穩定。因此，必須尋求一種新的經濟秩序，它必須既能促進社會經濟的發展，也能保證人類進步。

在這一基礎上，由呂士多夫、羅普克、歐根、別姆等人創建了「社會市場經濟」理論，其主要代理人還有格羅斯曼—多特、米基什、米勒—阿爾瑪克和艾哈德。這一理論之所以能得以在政策上實施，應歸功於後來的聯邦經濟部長路德維希·艾哈德教授。艾哈德早年任巴伐利亞經濟部長，後擔任法蘭克福經濟委員會總裁。一九四八年貨幣改革以後，艾哈德竭力取消物價管制，從而一步一步地實施市場經濟的政策措施。同時，聯邦經濟部的國務秘書米勒—阿爾瑪克也給予艾哈德有力的支持，「社會市場經濟」一詞也是由他首創的。

2. 主要理論觀點

「社會市場經濟」作爲一個經濟政策觀念，旨在將市場經濟中的經濟自由與社會公平、社會保障的社會國家觀結合起來，因爲只有市場經濟才能實現經濟增長，只有社會國家才能達到社會進步。這樣一種經濟制度既不是資本主義，也不是社會主義，而是社會發展的第三條道路。

(1) 經濟自由

「社會市場經濟」並沒有直接研究諸如增長率、經濟狀況、充分就業、滙率及物價水平等現代經濟中帶有全局性的概念，也不提供解決這些問題的有效技巧，而只限於提出一般的原則。它強調，通過建立自由的市場經濟，採取相應的保證措施，可以防止產生專政、國家計劃化、經濟管制以及由於卡特爾化而造成的私人壟斷。市場經濟不僅能保障政治自由，而且能實現經濟自由，有效地分配資源，因此，是一種優越的經濟組織形式。經濟自由是市場經濟有效地發揮作用的根本點，它主要包括：

——消費自由，即消費者自由地、有選擇地購買、消費社會產品的自由；

——從業自由，自由選擇職業和工作崗位、自由使用私有財產，即生產資料所有者根據自己的決策而投入其勞動力、資金、物資和企業家能力的自由；

——生產自由和貿易自由，即企業家根據自己的意願進行生產和銷售商品的自由；

——以及競爭自由。

這些經濟自由的目標只有在市場經濟中才能最佳地得以實現。在市場經濟中，消費者只消費他們想得到的產品，從而給予廠商一個信息應該生產什麼；在謀求利潤最大化目標的驅使下，廠商將以儘可能少的成本來生產消費者希望購買的產品；競爭能保證生產的產品與消費者的需求願望協調一致，從而實現資源的最優配給。

(2)社會國家觀

但是，經濟自由也有它的界限。一方面，不能妨礙他人的自由；另一方面，市場經濟中的競爭也會被扭曲。這裏，就必須體現出「社會市場經濟」中的社會一面：

——如果市場過程還不夠社會化，如果市場經濟產生出社會不期望的後果，則國家必須進行干預；

——市場經濟儘管具有巨大的經濟潛力，但必須以「共同富裕」爲目標，以保障全體人經濟自由的權利。因此，市場經濟必須承擔社會義務。

國家對市場過程的干預可以採取多種多樣的措施，但主要以下列形式：保護市場、影響市場和控制市場。

第一，保護市場。這裏主要包括制訂法規，以保證眞正的、公平的競爭，如禁止非法競爭法、禁止限制競爭法、質量控制法等等。

第二，影響市場。這樣的措施可以是例如政府代言人在某方面的表態或暗示，也可以是主管部的某些號召，如「多喝牛奶，少吸煙」。

第三，控制市場。例如進出口主管局或國家儲備局在供給過剩時購買剩餘產品，而在需求過剩的時候再賣出去。這樣，在生產過熱時，可以支持廠商、減少風險；在供給不足的時候，能保障消費者的供應。同樣，有意識地變化稅則也能起到控制市場的作用。

但是，國家對市場的干預不能妨礙市場機制的發揮作用，它必須是與市場相適應的。攤派、限量、物價凍結以及類似的措施都會阻礙經濟主體的積極性和主動性。國家的經濟政策主要應限於競爭政策、收入與社會政策、結構政策，還應創建公共企業。

因此，米勒—阿爾瑪克將「社會市場經濟」定義爲「一種制度政策的觀念，其目標是，在競爭經濟的基礎上，將自由的積極主動性與以市場經濟的成效而保證的社會進步結合起來。以市場經濟爲基礎，可以建立一個完整多樣的社會保障體系。」❺

(3) 西德經濟政策中的「社會市場經濟」措施

競爭是市場經濟發揮作用的前提條件：沒有競爭就不可能有市場經濟。但是，競爭也有它的相反一面，參與競爭的企業會兩敗俱傷甚至破產。因此，企業總是千方百計地排除競爭，要麼相互達成協議，要麼進行企業合併。一九五七年，聯邦議會通過了「反限制競爭

---

❺ 請參閱米勒—阿爾瑪克：〈社會市場經濟〉，發表在一九四七年的《經濟之窗》（*Wirtschafts-spiegel*）。

法」（亦稱「卡特爾法」），禁止那些試圖取消競爭的活動。在西柏林的聯邦卡特爾局以及各州的主管部門負責執行這一法案。只有在極少數例外的情況下，才允許成立卡特爾。

此外，追逐利潤是市場經濟的根本動力。在不能獲取利潤的地方，市場經濟也必然失靈。因此，聯邦德國的少數經濟部門，從來沒有實現純粹的市場經濟，如農業、交通運輸業、郵電事業和住房業。農業主要是因爲社會的因素而不能自由放任，同時也受到「歐洲共同體農業市場條例」的限制。聯邦鐵路局和聯邦郵政總局屬公共所有，它們的業務不能以盈利爲目標，而必須爲全體人民的利益服務，例如聯邦鐵路局必須制訂具有社會性質的收費標準，而聯邦郵政總局則不能放棄對邊遠地區的服務。

第二次世界大戰中，德國的住房受到嚴重破壞，導致住房奇缺。因而，在戰後初期，國家還必須直接控制住房市場。此後，隨著住房狀況的改善，住房市場也基本自由了。只是爲了不讓競爭達到社會難以忍受的地步，國家仍然進行監督，並採取一系列保護房客利益的措施，例如給收入低的房客發放住房補貼，促進住房建築與維修等。

在少數其他行業中，原則上可以自由地競爭。但立法也制訂了一系列進入這些市場的條件加以限制，例如商業與小商業在開業之前必須證明業者具有相應的知識；在其他職業中，國家要求業者受到相應的教育和一定的年齡限制，例如在衞生事業、法事諮詢、經濟諮詢及稅務諮詢等行業。

3.「社會市場經濟」政策的行使

「社會市場經濟」觀念在經濟政策和社會政策中的實踐，以及「社會市場經濟」政策目標的實現，主要是由一系列的國家經濟組織以及各種非官方的經濟組織來完成的，自然，它們的活動必須以一系列經濟法規爲基礎。

(1) 法規

聯邦德國的各種經濟法規是執行「社會市場經濟」的經濟政策的基礎，主要包括「基本法」（相當憲法）、貨幣法規、財政法、對外經濟法以及上面提到的涉及競爭方面的法規。「基本法」儘管沒有明確規定聯邦德國應該實行何種經濟體制，但它卻詳細地規定了公民的基本權利，體現了「社會市場經濟」中的經濟自由思想，它也確定了公民自由權利的界限，因而排除了極端自由主義的經濟體制，也否定了極端集權主義的經濟秩序。這樣，「社會市場經濟」體現了「基本法」的精神。與此相適應，聯邦德國還制訂了一系列有關貨幣制度、財政體制、競爭制度等的經濟法規，對執行「社會市場經濟」具有重大意義。

(2) 執行機構

「社會市場經濟」的經濟政策和社會政策主要是由各種國家經濟組織和非官方的經濟組

織來執行的。國家經濟組織包括聯邦議會、聯邦議院、聯邦政府（經濟部、財政部、勞動部）、州以及鄉鎮行政機關、聯邦銀行等。非官方經濟組織有社會盟件、經濟研究機構以及其他非官方經濟組織。這裏，值得特別一提的是社會盟件和經濟研究機構對聯邦德國經濟政策的影響。

①社會盟件的作用。聯邦德國的總就業人數中，絕大多數是工人、職員、國家工作人員及受教育人員，他們被統稱爲雇員；而另一部分就業人員則是雇主，其中也包括大資本公司、國家、鄉鎮行政機構及其他公共機構。一般而言，雇主與雇員之間具有共同的利益，因而他們必須相互合作；可是，他們之間也存在著利益衝突，有時甚至會產生極端的對抗。在聯邦德國，人們一般強調雙方的共同面，故稱他們爲「社會盟件」。

雇主和雇員最爲關心的問題是工資政策，「基本法」規定了工資合同的自主權，也就是說，雇主和雇員有權在沒有國家干預的情況下自由地達成工資協議，儘管國家也通過法律來確定大致的政策方向，但它不能規定某一部門的某一工人或職員應掙多少工資。

但是，雇主和雇員也對國家經濟的穩定和發展負有義務，因爲工資政策對整個國民經濟的發展影響重大。工會過高的工資要求會推進通貨膨脹的勢頭，而廠商的利潤過多則導致分配的嚴重不均，罷工會導致生產下降，失業也會引起嚴重的社會問題。

②經濟研究機構的作用。聯邦德國的重要經濟研究機構主要包括專家委員會、五大經濟研究所（基爾世界經濟研究所、西柏林德國經濟研究所、慕尼黑經濟研究所、漢堡經濟研究所和埃森威斯特伐倫經濟研究所），以及各大學的經濟研究機構。經濟研究機構在經濟政策中的作用不言自白，試想，「社會市場經濟」便源於弗萊堡大學。

在這裏，最值得一提的是專家委員會。一九六三年八月二十八日，聯邦議會通過「組織專家委員會以評審國民經濟」的法案，繼而成立了專家委員會，由五名成員組成（通稱爲五智者），由聯邦總統雇請知名的經濟學教授。專家委員會對國民經濟的總體發展進行評審，原則上是每年一次，必要時也可以一年幾次。它鑒定目前的經濟發展及其今後的趨勢，並尋求途徑解決如何達到高就業、物價穩定、經濟增長以及外貿平衡的目標。因此，專家委員會的建議極受政府的重視。

二、戰後西德經濟的發展

研究戰後西德經濟的發展，一個最大的困難便是如何劃分其發展階段。根據不同的劃分標準，有著不同的劃分方式。以下我將分爲四個階段進行探討：

一九四五—一九四八：戰後的混亂時期

一九四八—一九六六：「社會市場經濟」政策時期

一九六七—一九八二：凱恩斯主義經濟政策時期

一九八二年以來：供給爲主導的經濟政策時期

讀者不難看出，我在這裏是以不同時期的不同經濟政策作爲劃分標準的。我認爲這樣劃分有一定的好處：第一，經濟政策轉變的原因只有在經濟發展中去找，也就是說，只是當以前的經濟政策在實踐中失靈以後，才尋求新的途徑；第二，經濟政策的執行是比較穩定的，這樣，我們可以進行相對較長時間內的比較性研究，而不只是局限於短期的變化；第三，從國際上進行比較，研究經濟政策的轉變也是很有趣的。

1. 一九四五—一九四八：戰後德國的混亂

一九四五年五月八日，法西斯德國無條件投降。盟國在柏林成立盟國管制委員會，從六月五日起正式接管一切政府權力。

(1) 經濟的混亂

戰敗的德國，經濟已經匱乏不堪。一九四六年，工業總產值只有一九三六年的三九%，造紙業降到二一%，車輛製造只有一九%，紡織業、皮革及製鞋工業只有一九三六年的二七

%到二八%❻。

人民生活在水深火熱之中，每天都在飢餓中度日。一九四六年，美佔區每人每天的食品配額僅爲一、三三〇熱卡，蘇佔區一、〇八三熱卡，英佔區一、〇五〇熱卡，法佔區九〇〇熱卡，也就是說，每天只能吃上兩片麵包、一點牛奶和少許人造黃油，眞是「活之不足，死之有餘」。紙上寫著是每天應發放給每人一、七〇〇熱卡，實際上則作不到。在大城市的情況更差，每天幾乎達不到八〇〇到九〇〇熱卡，在魯爾區的日配額經常只有六〇〇到七〇〇熱卡。一個正常工作的人每天至少需要三、〇〇〇熱卡，一九三六年的平均消費還達到三、二〇〇熱卡。因此，有人說：在這樣的時候，人們只望五年能買一個盤子、十二年能買一雙鞋、五十年能買一件西裝❼。可見生活是多麼艱辛。

經過戰爭的洗刼，住房受到嚴重的破壞。幾乎三分之一的住房被完全破壞；只有一半多一點的住房仍保持完好，但其中的一〇%還被軍政府沒收。到一九四八年，由於東歐各國驅趕德國人，他們陸續地回到德國，因而人口比一九三六年增加二五%，但僅英美佔區就缺少住房三百三十萬套。

---

❻ 見A・約翰：《經濟奇蹟的起步》，第二四七頁。

❼ 同上❻，第二四四—二四五頁。

戰後初期，失業也極爲嚴重。一九四七年有六十三萬人沒有工作做，一九四八年約爲四十四萬人，失業率分別爲三・六%和二・五%。實際上，失業現象還要嚴重，因爲就業人數中許多是虛假就業。據估計，英美佔區實際有三分之一的人沒有工作做，儘管他們名義上是有工作的，因爲有職業很重要，倒不是因爲可以掙到錢，而是能夠得到食品配給證❽。

(2) **經濟拆遷**

爲了從經濟上摧毀德國的戰爭潛力，二次大戰末期和戰後初期，許多國家建議將德國實行非工業化，重新轉化爲農業國。其中，最出名的是一九四四年夏末美國財政部長摩根索（Morgenthau）提出的拆遷計劃。

實行非工業化的目的，一是要使德國今後不再具備戰爭能力，二是將拆遷的設備交給蘇聯，也可以部分地解決賠款的問題。一九四六年三月，盟國管制委員會作出決議，通過了「限制工業化計劃」。波茨坦作出決定，將德國的生活水平降到一九三二年的水平，整個工業生產能力降到一九三八年水平的五〇%到五五%，這就意味著，在西方佔領區要拆遷一、五四六家工廠；在生產資料部門，鋼的生產能力限制到一九三八年的四分之一，化學製品及

---

❽ 卡爾・哈達赫，第一〇四頁。

重型機械製造三分之一，水泥工業二分之一，車床生產十分之一；在消費品生產方面，允許德國利用僅一半紡織工業和製鞋工業的生產能力，五分之一的汽車生產能力；幾乎所有的工業部門的年產量均受到限制：如小汽車、載重車各為四〇、〇〇〇輛，摩托車一〇、〇〇〇輛，鋼產五百八十萬噸；一些工業被禁止，如軍備生產、遠洋船舶、飛機、合成汽油與橡膠、鋁及其他輕金屬等；一切現存的車間必須拆毀；不受限制的部門，實際上也難以自由地發展，因為缺少原材料和能源；魯爾區的礦山必須繼續開發並以低於世界市場的價格出售給戰勝國；同時，一切遠洋船舶必須交出，今後德國只能擁有近海船舶，擁有飛機包括滑翔機和汽球都是違法的；此外，德國在國外的資產和非物質性資產如專利、商標、許可證以及工廠廠名等均予以沒收[9]。

非工業化政策以及拆遷給本來就已經破碎不堪的德國經濟以沉重打擊。只在宣布「限制工業化計劃」之後兩個月，西方盟軍便已停止給蘇聯提供拆遷的設備。而且，美國的拆遷政策也已開始發生變化。一九四七年八月，制訂了「修正的限制工業化計劃」，據此，允許英美佔區的工業水平提高三分之一到五分之一，使得總的工業生產能力達到一九三八年的七〇

[9] 同上[8]，第九五—九六頁。

%到七五%，也就是說，有六八七家工廠被排除在拆遷之外。此外，鋼的生產量可以從五百八十萬噸提高到一千一百一十萬噸，這對德國經濟以及整個歐洲經濟的發展無疑具有積極作用。

2. 一九四八——一九六六：「社會市場經濟」政策時期

從一九四八年貨幣改革到一九六六年聯邦德國第一次經濟危機發生，可以稱爲「社會市場經濟」政策時期。以貨幣改革、取消物價管制開始，聯邦德國引入了「社會市場經濟」的經濟制度，其後經歷了五十年代初期的經濟重建、中後期的經濟高速增長以及六十年代初以來經濟增長的緩慢下來、危機現象的出現。這段時間被稱爲德國「經濟奇蹟」，經濟成就是巨大的，這一點可以從下表一看出來：從一九五〇年到一九六六年，實際國民生產總值翻了近兩番，年平均增長率達六・七%；人均國民收入從一、六〇二馬克上升到六、三七五馬克，增加了近三倍；而生活費用指數只提高約四三%，年平均物價上漲僅爲二・三%；就業人數也不斷增加，失業率從八・二%降到一%以下，達到完全就業。

(1) 一九四八——一九五二：經濟重建

一九四八年六月貨幣改革以後，三個西方佔領區（後來是聯邦德國）經濟恢復極爲迅速。在不到幾年的時間內，聯邦德國的生活水平已經達到戰前水平，部分甚至超過了戰前水平。如果以一九三六年的生活指數為一〇〇，則一九四六年降到三十三，一九四八年才上升到五十，但一九四九年就已超過九十，一九五二年達到一二〇❿。在同一時期，名義國民生產總值的增長超過八〇%，實際增長也達六七%⓫。

表一：聯邦德國經濟從一九五〇年到一九六七年的發展

年份	實際國民生產總值 指數	實際國民生產總值 增長率	名義國民收入 億馬克	名義國民收入 平均每人(馬克)	生活費用 指數	生活費用 上漲率	工業 指數	就業 就業人數(萬人)	就業 失業率
一九五〇	一〇〇		七五二	一、六〇二	一〇〇		一〇〇	二、〇四〇	八・二
一九五一	一一一	一〇・九	九二一	一、九二一	一〇七・八	七・七	一一六	二、〇九〇	七・七
一九五二	一二一	九・〇	一、〇三八	二、一七四	一一〇・〇	二・一	一二四	二、一三〇	六・四
一九五三	一三〇	七・九	一、一二一	二、三二八	一〇八・一	負一・八	一三五	二、一八〇	五・五
一九五四	一四〇	七・二	一、二一一	二、四八六	一〇八・二	〇・二	一五一	二、二四〇	四・七

❿ 見H・基思特勒：《聯邦德國歷史》，第一四三—一四六頁。

⓫ 見卡爾・哈達赫，第一六七頁。

一九五五	一五七	三・○	一、三九五	二、八二四	一一○・○	一・六	一七三	二、三三○	二・七
一九五六	一六八	七・○	一、五四四	三、一○○	一一三・九	二・五	一八九	二、三八○	二・二
一九五七	一七七	五・八	一、六八三	三、三三七	一一五・二	二・○	一九七	二、五三○	一・九
一九五八	一八三	三・三	一、八○一	三、五二八	一一七・七	二・二	二○三	二、五五○	一・七
一九五九	一九六	六・九	一、九四○	三、七五七	一一八・八	一・○	二一九	二、五八○	一・一
一九六○	二二八	八・八	二、三五七	四、二五二	一二○・五	一・四	二四六	二、六二○	○・六
一九六一	二三八	五・四	二、五八○	四、五九三	一二三・二	二・三	二六三	二、六六○	○・五
一九六二	二四八	四・一	二、七七五	四、八八二	一二六・九	三・○	二七四	二、六七○	○・四
一九六三	二五六	三・五	二、九五八	五、一五四	一三○・七	三・○	二八二	二、六八○	○・五
一九六四	二七三	六・六	三、二四三	五、五九三	一三三・八	二・三	三○九	二、六八○	○・四
一九六五	二八八	五・六	三、五五三	六、○六○	一三八・三	三・四	三一七	二、六九○	○・四
一九六六	二九六	二・九	三、七七一	六、三七五	一四二・一	三・五	三二一	二、六八○	○・五
一九六七	二九六	負○・二	三、七六○	六、三四二	一四五・二	一・四	三三三	二、六○○	一・六

（來源：哈達赫，第一六八頁）

①貨幣改革

在戰後的混亂時期，德國是一個「沒有貨幣的國家」，「香煙貨幣」是當時的普遍現象。可以想像，在一個「沒有貨幣」的國家裏，經濟也就不可能有效地通過市場調節而得到快速發展。早在一九四六年，部分美國經濟學家原受委託制訂出一個使德國財政經濟健康化的計劃。據此，必須採用新的貨幣，但遭到蘇聯和法國的反對，故未能付諸實施。因爲新的貨幣必須同時在四個佔領區內流通，否則，將導致德國分裂成不同的經濟區，也就意味著德國的最終分裂。後來，國際政治形勢變化對德國經濟越來越不利，因此，英、美、法三方決定在它們的佔領區內實行貨幣改革。

貨幣改革的首要任務是消除貨幣餘額，因爲戰時經濟是以強制印刷鈔票來資助的[12]，而納粹政府執行的凍結物價和工資的政策又扭曲了生產與消費之間的關係。消除貨幣餘額的目標可以採取不同的方式達到，要麼保留原來的貨幣，但降低原貨幣的購買力；要麼引入新的

---

⑫ 一九三八年，德國軍費支出爲三二〇億帝國馬克，占國家預算開支的六一%，爲國民生產總值的四分之一；到了一九四四年，軍費開支上升到一、一八〇億帝國馬克，占預算開支的八一%，爲社會總產值的七〇%。另一方面，銀行集聚了大量的私人存款，買不到東西，見E・赫爾姆斯苔特：《聯邦德國的經濟制度——社會市場經濟》，第二四三頁。

貨幣，比如說「塔勒」⓭。

貨幣改革是在一九四八年六月二十日進行的，以盟軍佔領當局的三個法律爲基礎：六月二十日，「貨幣法」與「貨幣發行法」生效；六月二十七日，頒布「貨幣兌換法」。「貨幣法」規定舊貨幣的上交與登記，「貨幣發行法」則承認德意志州銀行（當時起中央銀行作用）發行貨幣的壟斷權。對一般公民重要的是「貨幣兌換法」，它規定新舊貨幣的兌換問題。德意志馬克成爲新的貨幣單位，它與帝國馬克的折合率，根據不同的特徵分成不同的層次：公債被一筆勾銷，銀行存款和現金的兌換率先是一〇：一，後來進一步降到一〇：〇・六五；抵押貸款及其他私人債務的兌換率爲一〇：一；工資、房租與獎金等經常性項目以一：一的比例折算。起初，每個人可以按一：一的兌換率換取四十馬克，兩個月以後又以同樣的比率換取二十馬克；爲了使企業、自由從業者以及其他機構不產生支付困難，允許他們得到一定數量的「營業額」，按就業人數計算，每人六十馬克⓮。

貨幣改革以後，混亂及「僞造貨幣」的現象立即被消除，貨架上堆滿了商品，「社會市場經濟」取得了初步成功。但是，貨幣改革之所以能取得成功，是與法蘭克福經濟委員會總

⓭ 塔勒，德語 Taler，是德國古代一種貨幣單位。

⓮ 見E・赫爾姆斯苔特，第二四四—二四五頁。

裁艾哈德的一系列改革措施分不開的。這些措施主要體現在減少實行物價管制的商品，除開一些基本食品、重要的工業生產要素、公共事業以及房租以外，均取消物價管制。這樣，市場便能充分地發揮作用。

②經濟迅速恢復的決定要素

貨幣改革以後，經濟恢復之所以那麼迅速，是因爲一系列的客觀原因及經濟政策的因素促成的。客觀原因主要有：

第一，生產潛力大。儘管受到戰爭的破壞和拆遷，一九四八年的時候，西方佔領區的生產潛力不是比一九三六年低，而是更高；因爲從一九三六年到一九四四年對軍工進行了大量投資，只是因爲缺少原料，大部分機器閒置沒用，但是，用不著花多大的代價便可以轉爲民用。

第二，勞動力儲備雄厚。在西方佔領區，因爲湧來大量的東歐各國及蘇佔區的逃難人員，受過教育的勞動力數量比戰前提高很多。

第三，在重建被破壞的生產設備的時候，購買了一系列新的設備，跟上了新技術的發展，可以更爲合理地進行生產，創造更高的生產效率。

第四，在長期對私人消費的壓制以後，存在著巨大的候補需求，消費需求的增加成爲刺激生產發展的重要因素。此外，外國的需求也在不斷增加。

有了這些有利因素，再加上足夠的原材料供給和工人的生產積極性，經濟便能迅速得到恢復。工人的勞動積極性是通過貨幣改革來激發的，而原材料供給則是由馬歇爾計劃來解決的。一九四七年五月，美國國務卿馬歇爾(Marshall)呼籲歐洲各國支持「歐洲復興綱要」，並聲稱可以得到美國的援助。到一九五四年十月爲止，聯邦德國總共得到西方盟國的援助四十四億美元：美國政府救助十七億美元，英國政府八億美元；馬歇爾計劃援助是用於重建的，總共爲十九億美元。援助的主要是工業生產資料，特別是原料。一九四八年和一九四九年分別得到十億美元的外援，一九五〇年五億美元。外援的絕對數字並不大，最多的四八—四九年也沒有超過國民收入的五%⑮。

可是，儘管在這段時間內經濟恢復迅速，但離「共同富裕」的目標還相差甚遠，主要是因爲有兩方面的令人擔憂的發展：首先，從一九四八年下半年開始，物價上漲迅速，低收入階層的人根本不可能享受到宣傳的消費自由。這時，艾哈德只好試圖以提供廉價商品來解決這一問題；另外，從一九四九年三月到一九五〇年三月，失業人數迅猛增加，到一九五〇年

⑮見卡爾・哈達赫，第一六九頁。

九月的時候，失業人數達到一五八萬人，失業率達一一・四%，工會在一九四八年十一月就號召實行總罷工。要征服這些困難，在對外經濟中也碰到釘子，因爲朝鮮戰爭使得原材料價格上漲。所有這些，都是下一階段必須解決的問題。

(2)一九五二—一九六〇：「金色的五十年代」

五十年代中後期，聯邦德國經濟的高增長率能繼續下去。從表一可以看出，在整個五十年代，除開一九五八年以外，國民生產總值的實際增長率都在百分之五以上，一九五五年甚至達到百分之十二，從一九五二年到一九六〇年，國民生產總值的年平均增長率達七・四%，從絕對值來看，一九五二年的實際國民生產總值爲一、七二七億馬克，一九五五年達到二、二四九億馬克，一九六〇年進一步增加到三、〇九四億馬克⑯，八年之內增加了近八〇%。

經濟的高速增長也與就業人數的不斷增加相關。五十年代，大量的德國人被從東歐各國驅趕出來而回到德國，同時，在柏林牆修築之前，還有二百七十萬人從民主德國逃跑過來。儘管如此，工作職位也在不斷增加；一九五二年的時候，還有一百三十六萬人沒有工作做，

---

⑯ 見《聯邦德國：一九五五—一九六六》，政教資料第一七六期，第三五頁。

到了一九六〇年，只有十八萬人失業了，失業率也從一九五二年的六・四%降到了一九六〇年的〇・六%，實現了充分就業。

在經濟的快速發展中，人民的生活也得到極大的改善。從五十年代中期起，工會改變其「收斂」的工資政策，工人的實際工資明顯增加。從一九五五年到一九六〇年工人的淨收入從六五三億馬克上升到一、〇〇七億馬克，五年內增加五四・二%，年平均增長率達九%⑰。同時，物價上漲總是保持在較低的水平，一九五三年還絕對下降一・七%，從一九五二年到一九六〇年，物價年平均增加一・一四%。從消費品方面也可以看出，小汽車已經取代了自行車和摩托車，電視機、電動洗衣機以及各種家用電器已經成爲家庭的生活必需品。

如果說在經濟重建的年代裏，「社會市場經濟」的經濟政策因爲遇到困難還有爭議的話，那麼，五十年代中後期的「經濟奇蹟」則牢牢地鞏固了這一政策的地位，幾乎再沒有人發起非議了：經濟高速增長、通貨膨脹低、基本實現完全就業、外貿收入急增。

經濟上的成就，也是有其原因的。從客觀上來講，有利方面比前一段更好了。需求的條件是再好不過，不僅國內需求有增無減，而且外國的需求也急劇上升。韓戰以後，德國廠

---

⑰見⑯，第三五頁及自己計算的結果。

商成功地打回了三十年代以來失去的市場。供給方面的條件也極爲有利：勞動力的供給充沛，只要還沒達到充分就業，工會的工資政策就比較收斂，一般與勞動生產率的增長保持一致。

此外，經濟政策和財政政策也爲經濟增長與物價穩定作出了貢獻。在穩定政策上的重要步驟是對國外競爭者逐漸開放國內市場，之所以能夠這樣做，是因爲自一九五二年以來外貿持續順差。五十年代中期，馬克對美元的滙價偏低，這對德國的出口有好處。但是，外貿順差也容易導致通貨膨脹，因此，政府將從一九五二年到一九五六年的多餘收入不是全部開支出去，而是部分地留作儲備。

(3) 一九六〇—一九六六：經濟增長放慢

六十年代上半期，聯邦德國的經濟發展相對比較穩定，既沒有出現前一階段的高速發展，也沒有發生嚴重的危機。實際國民生產總值從一九六〇年的三、二八四億馬克[18]。增加到一九六六年的四、三一七億馬克，六年內增加了約三二%，年平均增長率達四・七%[19]。

---

⑱在上一節「金色的五十年代」開頭，我曾提到一九六〇年的實際國民生產總值爲三、〇九四億馬克，這裏的數字稍有出入，因爲加上了薩爾州和西柏林的統計數字。

⑲見⑯，第三五頁及自己計算的結果。

從表一中也可以看出來，從一九六〇年到一九六六年，失業率一直保持在一%以下，不僅達到充分就業的目標，而且還有很多空缺位置。同時，物價上漲也保持在較低水平，一般都在三%左右⑳。

這段時間內，德國的黃金外滙儲備也一直保持在較高的水平。一九五〇年的時候，聯邦德國的黃金外滙儲備還只有十一億馬克，一九五五年增加到一三〇億馬克，一九六〇年達到三二〇億馬克，後來到一九六六年都保持在這個水平上㉑。只有美國的外滙儲備超過德國，德國的外滙儲備是英國的一倍。

但是，到一九六六年下半年，這種經濟增長再也不能繼續下去了。由於經濟政策上的失誤而導致了聯邦德國歷史上的第一次經濟危機。

3. 一九六七—一九八二：凱恩斯主義經濟政策時期

一九六六—六七年的經濟危機使得聯邦德國的經濟政策產生了一次重大轉折，它說明，「社會市場經濟」的經濟政策儘管能在有利的條件下實現經濟高速增長，但是，一當形勢不利，危機發生的時候，它便顯得束手無策。因此，必須尋求新的途徑。這時，凱恩斯主義經

⑳ 見卡爾・哈達赫，第二〇三頁注解(1)。

㉑ 見卡爾・哈達赫，第二〇四—二〇五頁。

濟政策已經在其他工業國家試行近二十年，並已經逐漸失靈，但又被搬到聯邦德國，並貫以「全面控制」的頭銜，成爲解救危機的靈丹妙藥。

凱恩斯主義經濟理論認爲，在發生經濟危機的時候，國家必須實行反周期的經濟政策，也就是說，不應節省開支、加深危機，而是有目的地擴大公共支出，以復甦經濟活動。而到經濟危機得到控制、經濟開始高漲的時候，隨著稅收的增加，國家便可以平衡財政。

實行凱恩斯主義經濟政策的最初幾年，效果十分顯著，經濟很快出現繁榮，重新回到完全就業。可是好景不長，一九七三—七四年世界性的石油危機爆發以後，與其他工業國家一樣，德國經濟也進入了長期蕭條階段，失業和通貨膨脹併發，「滯脹」症難以治癒。到了一九八二年，也不得不放棄這種「通貨膨脹的經濟政策」了，另求它路。

(1)一九六六—六七年的經濟危機

到了六十年代中期，人們就預言，德國的「經濟奇蹟」即將接近尾聲，高奏經濟增長凱歌的日子已是屈指可數了。在實際上，一九六六年的實際國民生產總值的增長率只有二・九%，工業生產只增加一・二%，這是貨幣改革以來最低的增長率；與此同時，生活費用的上漲卻達到三・五%[22]，是自韓戰以來增長最高的一年；儘管失業率還保持在較低水平，但工

[22] 見卡爾・哈達赫，第二〇六—二〇七頁。

表二：一九六六／六七年經濟危機中失業人數的增加

年	月	失業人數
一九六六	七	一〇一、四七六
	八	一〇五、七四三
	九	一一二、七二六
	十	一四五、八〇四
	十一	二一六、三八二
	十二	三七一、六二三
一九六七	一	六二一、一五六
	二	六七三、五七二
	三	五七六、〇四七
	四	五〇一、三〇三
	五	五四八、四六一
	六	四〇〇、七七三

（來源：H・基思特勒。第二六三頁）

時縮短略有增加，就業人數也略有下降；自一九六六年中以來，許多廠商對經濟前景感到不十分樂觀，普遍的現象是訂貨減少，庫存增加，此外，他們的盈利預期也受到較大的抑制，因爲在一九六四年和一九六五年的繁榮時期，工資增長超過了勞動生產率的增長，這種趨勢在一九六六年仍在繼續下去，這一年，工資增加七·二%，而勞動生產率僅比上一年增加三·一%，因此，投資活動下降，總投資比上一年減少一·八%㉓。

一九六七年初，經濟形勢繼續惡化。一九六七年的實際國民生產總值絕對下降〇·二%，工業生產下降二·七%，在二月份的時候，失業人數猛增到六十七萬多人。只是到了一九六七年下半年，經濟狀況才略有好轉，危機最爲嚴重的關頭渡過了。

這次經濟危機是西德獨有的，與世界其他各國的經濟發展沒什麼直接聯繫，因而，只能歸咎於經濟政策的失誤。一九六五年的時候，從一九六三年開始的經濟高漲達到高潮。這時，國家一般不應再增加開支，以免刺激本來就已過熱的經濟。但是，一九六五年是聯邦大選年，艾哈德政府作出了增加開支、減少稅務的決定，這樣，選舉是獲勝了，卻埋下通貨膨脹的禍根。一九六五年秋的時候，便出現了衰退的苗頭：稅收減少，聯邦必須大舉借債，利

㉓ 見卡爾·哈達赫，第二一一—二一二頁。

率又高，因爲聯邦銀行爲控制通貨膨脹而提高了貼現率。因此，一九六六年時出現大量的財政赤字，聯邦、州及鄉鎮不得不節省開支，這便促進了經濟衰退，失業增加，從而，也導致了艾哈德政府的倒臺，因此，人們習慣地稱這次危機是「艾哈德衰退」。

(2)一九六七—一九七〇：經濟復甦

一九六六年十二月一日，基督教民主同盟與社會民主黨組成了新的大聯合政府，取代了艾哈德政府。新的經濟部長卡爾・席勒（Karl Schiller）是一個凱恩斯主義經濟理論的信徒，在他上臺以後，推行了一系列的凱恩斯主義經濟政策。在治癒失業方面，新經濟政策立即取得效果，總失業人數從一九六七年初的六十二萬降到一九六八年的三十二萬；到一九七〇年的時候，還只有十四萬九千人沒找到工作，失業率又降到〇・七%㉔，重新實現完全就業；在此以後的一段時期內，還出現嚴重缺少勞動力，就是經濟狀況不太好的一九七一年，對勞動力的需求也沒有減少。同時，實際國民生產總值的增長率又達到了六十年代初期的水平：一九六七年，實際國民生產總值絕對下降〇・二%，一九六八年增長七・三%，一九六九年八・五%㉕，經濟進入新的繁榮時期。經濟狀況好轉，也可以在設備投資方面得到證

㉔ 見H・基思特勒，第二六三頁。

㉕ 同上㉔，第二六四頁。

實；在六六—六七年經濟危機的時候，設備投資比上一年下降八·四%，一九六八—六九年度則增加一二·一%，達到一九五五年以來的最高水平㉖。

一九六七年以後，聯邦德國經濟迅速走出危機，重新達到經濟繁榮，這是與出口的有利發展分不開的。在以前的衰退期間，聯邦德國的工資和物價遠比它的貿易夥伴國增長得慢，因此，國外對德國的產品與勞務的需求不斷增加，從而給予德國經濟一個新的刺激。與一九六七年相比，聯邦德國的出口從八七一億馬克增加到一九六八年的九九六億馬克，也就是說，增加了約一四%，一九六九年繼續增加到一、一四〇億馬克，繼續提高一四·五%。外貿順差也從一九六七年的一六八·六億馬克增加到一九六八年的一八三·七億馬克㉗。可以說，這次經濟復甦是以對外經濟爲動力的。

自然，新政府也爲經濟復甦採取了一系列的措施，他們主要體現在：「一致行動」、「穩定法」和「中期財政計劃」。

「一致行動」。一九六七年二月十四日，來自政府、工會、雇主同盟以及經濟界的代表就「一致行動」進行了第一次磋商，其目的是力求共同協調地行動，以便在共同的磋商中達

㉖ 同上㉔，第二六四頁。

㉗ 見彼得·波羅夫斯基：《德國：一九六三—一九六九》，第七七頁。

到各方利益的平衡。按照「穩定法」的規定，聯邦政府應該給地方、工會以及雇主同盟提供指導性數據，以達到共同協調地行動。這樣，在締結勞工合同的時候，必須以整個國民經濟的總目標爲準則，以便能及時地預知並避免破壞國民經濟總體平衡的勞工衝突。因此，「一致行動」可以被看作是一項國家經濟政策的控制手段，通過掌握勞工合同中的工資增長，可以控制全社會私人消費的發展。雇主同盟也支持這樣的政策，因爲他們希望以此來影響工資的增長速度。

最初，工會還支持「一致行動」的政策，因爲受到經濟衰退的影響，例如一九六八年的時候，聯邦政府要求工資只提高二・四%，工會在工資要求中也比較收斂，但企業利潤卻增加迅速。當利潤的增長越來越快的時候，工會便再也不能容忍了，他們要求工資跟上利潤的發展，例如，一九七〇年個別工會就要求工資增加一七%，到一九七三—七四年的時候，工會對「一致行動」便再也不感興趣了。

「穩定法」。一九六七年六月十四日，聯邦議會通過了「促進經濟穩定和增長法」，即所謂「穩定法」，從而給予聯邦政府一系列新的調節經濟發展的手段。根據這一法案，財權集中在聯邦，因此，聯邦政府便可以制訂長期的經濟發展計劃。現在，各級國家機關必須制訂五年財政計劃和中長期投資綱要，取代了過去各自制訂的、短期的（一般爲年度的）預算計劃。根據這一法律，聯邦政府有義務每年提交年度經濟報告，必須以中長期財政計劃爲基礎提出未來一年內財政經濟政策的目標。

「穩定法」規定，聯邦政府可以根據經濟的需要，通過聯邦銀行建立的經濟平衡準備金，停止支付政府和各州的預算資金，限制聯邦、州和各鄉鎮接納貸款，規定一定的貸款條例，向聯邦銀行借債（最高不超過五〇億馬克）以增加公共開支，通過修正稅法中允許的折舊額或減稅來影響私人投資，通過提高或降低所得稅、企業稅（幅度不超過一〇％）來影響私人需求。這樣，便有可能實現經濟政策的總目標物價穩定（每年通貨膨脹不超過一％）、充分就業（失業率不超過八％）、對外經濟平衡（出口順差佔國民生產總值的一％）、以及持續、穩定的經濟增長（實際國民生產總值的年增長率爲四％）。

「中期財政計劃」。一九六七年七月六日，聯邦議會通過了一九六七年到一九七一年的「中期財政計劃」。爲了提高財政收入，政府決定將增值稅從一〇％提高到一一％，並對所得稅和企業稅徵收三％的附加稅；另一方面，聯邦政府分別於一九六七年二月二十三日和一九六七年七月六日推出了兩個投資綱要，總投資達七十八億馬克，主要用於宏觀經濟環境的建設。此外，還設立了一個財政計劃局，由它提出建議，以協調聯邦、各州和鄉鎮的財政計劃。

國外需求的增加儘管刺激了經濟的發展，但也帶來了通貨膨脹的危險。一九六七年，通貨膨脹率還只有一・四％，到一九七〇年，便已達到三・七％，一九七一年更是上升到五・四％。通貨膨脹部分是輸入的：越南戰爭將以黃金美元爲中心的世界貨幣體系推向深淵，美元的貶值以及聯邦德國的購買義務給經濟造成極大的困難。實際上只有兩條路可走：要麼及時地調整滙率，要麼完全放開外滙市場。一九六九年，儘管對滙率進行了調整，但是還不夠。到了一九七二年，舊的國際貨幣體系及其固定滙率制完全瓦解，新的浮動滙率制取而代之。部分的通貨膨脹也是國內造成的：一九七〇年的時候，爲了抑制對消費品的需求，對所得稅和企業稅進行了額外的徵收，但主要涉及到高收入者，因而效果不大，因爲只有提高所有稅種的稅則，才能控制國民經濟總需求的水平；同樣，聯邦、州和地方在財政計劃上的協調也沒取得成功，地方的開支不只是局限於國家的計劃，聯邦的開支也總是比反周期政策要求的多；特別是一九七〇年以來，工資不斷增長，工資成本迅速增加，企業便試圖將這筆成本轉移到物價中去。

(3) 石油危機及其影響

一九七三年十月、十一月，石油輸出國組織以石油爲武器來反對支持以色列的西方國家，其目的一方面是想改變西方工業國對以色列的政策，二是想從石油中取得收入以支付從西方的進口。自從石油成爲主要能源以後，其消費從一九五〇年的六・三百萬噸增加到一九七〇年的一七八・九百萬噸㉘，二十年內增加二七・四倍。石油武器給予西方的打擊甚大，聯邦德國的反應是：禁止私人在星期日驅車外出，考慮到限制行車速度，私人爭購儲備，大量採取節能措施。

實際上，德國經濟在一九七四、七五年也遭受沉重打擊：一九七四年，實際國民生產總值僅增長〇・五%，一九七五年還下降一・六%；失業人數從二七・三萬增加到五八・二萬，翻了一番，失業率達到七・六%；七%的通貨膨脹率本來就已經很高。工業生產在下降，投資額也在下降，一九七一年的時候，投資額還有二六・四%，一九七五年降到二一・九二%，一九七六年再一次降到二〇・七%㉙。與一九七三年上半年相比，汽車工業生產在一九七四年上半年下降一八%，建築業下降一六%，紡織服裝業下降一一%。一九七四年的時候，出口受到的影響還不大，出口總額達到二、三〇〇億馬克，順差五〇〇億馬克㉚，可是到了一九七五年，出口便開始下降，只有與東歐和石油輸出國組織的貿易仍在增加。

㉘見H・基思特勒，第三一二頁。
㉙見㉘，第三一四頁。
㉚同上㉘，第三三五頁。

表三：一九七三年到一九八二年西德經濟發展狀況

年份	實際國民生產總值(1) 總額（億馬克）	指數	增長率（%）	消費物價的發展（%）(2)	失業 失業人數（百萬）	失業率（%）(3)
一九七三	九、一九〇	一〇〇	四・六	七・〇	〇・二七	一・三
一九七四	九、二三〇	一〇〇・四	〇・五	七・〇	〇・五八	二・五
一九七五	九、〇九〇	九八・九	負一・六	六・〇	一・〇七	四・七
一九七六	九、五九〇	一〇四・四	五・六	四・三	一・〇六	四・六
一九七七	九、八六〇	一〇七・三	二・八	三・七		四・五
一九七八	一〇、二〇〇	一一〇・九	三・五	二・七		四・三
一九七九	一〇、六〇〇	一一五・三	四・〇	四・一	〇・八八	三・七
一九八〇	一〇、八一〇	一一七・六	一・九	五・五	〇・九〇	三・七
一九八一	一〇、七八〇	一一七・三	負〇・三	六・三	一・二七	五・五
一九八二	一〇、六五〇	一一五・九	負一・一	五・三	一・八四	七・七

(1)以一九七三年爲指數。見H・基思特勒，第三九三頁。

(2)一九七三—一九八〇的數據來自《政治數據：八三年》，第三六頁。一九八一年和一九八二年的數據見《來自政治和當代史》，第一八／九〇期，第一七頁。

(3)見《來自政治和當代史》第一八／九〇期，第二三頁，亦可對照《聯邦德國：歷史和認識》中第八七頁附表。

石油危機以後，聯邦政府的財政政策和經濟政策的主要目標是鼓勵投資，聯邦也自己投資。例如在一九七四年的經濟綱要中，便投資一一·三億馬克用於開發能源、建設聯邦公路等，另外，還用六億馬克來改善勞動市場，比如給予雇傭失業工人以補助等。但是，這一系列的措施都不是十分得力，消費需求也沒上升，復甦難以出現。從表三可以看出，從一九七三年到一九八二年，實際國民生產總值共只增加一五·九%，年平均增長率只有一·七%；而通貨膨脹則居高不下，除開少數年份以外，幾乎都在五%以上；更爲嚴重的是失業的發展，一九七五年，失業人數第一次超過百萬大關，之後時有下降，但到了一九八二年，失業人數猛增到一八四萬人，失業率也從一·三%上升到七·七%；由於經濟發展緩慢，稅收減少，財政赤字也在不斷增加：一九八〇年的時候，各級政府機構的債務總計達四、五〇〇億馬克，光聯邦就借二、二五〇億馬克的債務，超過其年度預算的總額，二二%的收入用於還債㉛；同時，外貿盈餘也在下降，一九七九年，出現了二十多年以來的第一次外貿逆差，總額達二〇億馬克。

一九七四年以來經濟增長的下降既是一系列客觀因素造成的，也與企業和雇員的缺乏適

㉛ 同上㉘，第三六七頁。

應性，國家的控制不力有關。不利的客觀因素主要有：

——世界經濟形勢的變化：先是來自日本的強烈競爭，後有新型工業化國家的興起，第三世界國家的債務危機和國際貨幣體系的動盪也產生不利影響。

——人口的不利發展及婦女就業的增加：這段時期內，儘管人口總數停滯不前，但是，有就業能力的人卻比以前增加一百多萬。

——重要的國內市場已經飽和，特別是部分關鍵部門如高低層建築。

——對就業人員要求的變化：科技的發展使得手工工作部分地被機器所代替，在不需要較高教育水平的工種中，勞動生產率也較低，報酬少（與社會救濟差不了上下），因而，黑工不斷增加。

——兩次石油危機的影響。但是，石油價格上漲的影響只是短暫的，它的作用相當於爲石油輸出國徵收一種約二%的特殊稅，只不過也可以引發或加深經濟衰退。

除開以上這些客觀因素以外，雇員和廠商的缺乏適應性，國家的控制不力也是經濟一蹶不振的重要原因。市場經濟是以適應和調整爲前提的，它必須及時地對客觀條件的變化作出反應，從而在一段時間以後重新達到完全就業。在聯邦德國，儘管也出現過經濟的調整，但多數情況下是太慢或者太不充分：比如非熟練工人或受教育較少的勞動力的報酬與專業工人相比應該下降，沒有競爭能力的生產行業應該轉行等。

工資政策也難以得到控制，工會想儘可能地保護工人避免因石油價格上漲而引起的購買力下降。一九七四年，工人的名義工資增長一一・五%，實際工資也上升四%[32]，這樣，企業的盈利迅速減少，在生產行業中只有六%，嚴重地抑制了企業的投資，因爲一般認爲，必須有一〇%的利潤率才能保證足夠的投資。這時，凱恩斯主義的經濟政策在西德也已經失靈，經濟政策的轉變已勢在必行，而一九八二年聯邦大選後政府易人也使之成爲可能。

4. 一九八二年以來：以供給爲主導的經濟政策

還在一九七六年的時候，專家委員會就建議實行促進供給的經濟政策。至少一九八一年以後，大多數的經濟學家都贊同這樣一種經濟政策。以供給爲主導的經濟政策主要有以下兩個要點：

第一是薩伊（Say）古訓的現代解釋。「供給，也就是生產，通過在生產過程中取得的收入而自己創造有購買力的需求。」據此，在經濟政策上必須改善供給的條件，減輕企業的稅務負擔，降低企業的工資成本及其他各項成本。市場必須自由放任，國家任何形式的干預

㉜ 見D・格羅薩：《經濟政策：脈絡與問題》，第八〇頁。

都只能妨礙競爭，因而也妨礙生產，特別是在勞工市場上不能進行干預。

第二個主要點是不相信國家從事的經濟活動。國家應儘可能地限制在經濟秩序政策上，貨幣量必須得到控制，國家的債務必須減少，稅務必須降低，因爲不論是以購買產品和勞務的形式，還是通過再分配的手段，國家支配的社會總產品越多，則消費者對廠商生產效益的控制可能性便越小。

以供給爲主導的經濟政策儘管被運用於實踐，但效果不是十分明顯，整個八十年代，德國的經濟也沒有什麼好轉，這點可以從以下表四看出來。

(1) 一九八二——一九八五：供給為主

一九八二年十月，聯盟黨與自民黨組成新政府，他們的政策是鞏固國家財政，不斷地改善企業的生產能力，加強市場的自我控制，削減補貼，減輕稅務。

到一九八五—八六年，聯邦的新財政政策取得成就。在新政府剛組成的時候，光聯邦新借的債務就達三七〇億馬克，新政府除開節省開支以外，別無它路可走。但是，節省開支不能影響到企業的投資活動，故只能削減社會事務上的開支。另一方面，也減輕了企業的稅務。政府還作出決定提高社會保險費、增值稅和其他幾個稅種。在這一系列措施的影響下，一九八五年聯邦借的新債還只有二二〇億馬克，比一九八二年減少一七〇億馬克。

表四：一九八三年到一九八九年的西德經濟

年份	增長率(1)	失業人數（百萬）	失業率（%）	物價上漲率（%）
一九八三	一・九	二・三	九・五	三・三
一九八四	三・三	二・三	九・三	二・四
一九八五	一・九	二・三	九・四	二・二
一九八六	二・三	二・二	九・〇	負〇・二
一九八七	一・七	二・二	九・〇	〇・二
一九八八	三・六	二・二	九・〇	一・二
一九八九(2)	四・〇	二・〇	八・四	三・〇

(1) 指實際國民生產總值的年平均增長率。

(2) 估計數字。

（來源：《來自政治和當代史》，第一八／九〇期，第六頁及第一七頁）

表五：聯邦在七十年代新債的增加

年份	債務（億馬克）
一九七〇	二
一九七一	一四
一九七二	四〇
一九七三	二七
一九七四	九五
一九七五	二九
一九七六	二五八
一九七七	二一七
一九七八	二五九
一九七九	二五六
一九八〇	二七一
一九八一	三七四
一九八二	三九九
一九八三	四一五

（來源：H・基思特勒，第三九三頁）

財政狀況的好轉是與經濟狀況的恢復分不開的。一九八四年，經濟增長率超過三%；通貨膨脹的勢頭也得到控制，到一九八五年，物價上漲率被控制在二・二%的水平，一九八六年，總的物價水平還下降〇・二%。

但是，總的來看，供給政策的收效甚微。首先，從經濟增長來看，除開一九八四年以外，其他幾年的實際國民生產總值的增長都在二%左右；儘管通貨膨脹得到控制，但可以說是以高失業換來的，從一九八三年到一九八八年，失業率一直在九%以上，失業人數也總是超過二百萬。

其次，許多供給政策的主張不可能完全得以實現。他們要求讓市場自由放任，特別是不應該對勞動市場進行干預，但是，在勞動市場上，政府想取消不適宜市場協定的可能性極爲有限，因爲受到「基本法」中合同自主條款的限制，此外，經常所要求的降低級別較低工種的工資也只有通過勞資雙方的自願合作才能實現，政府則無能爲力。

另外，一九八二年以來的經驗證明，只運用促進供給的政策是難以使經濟復甦的。幾乎所有的經濟學家都認爲，足夠的利潤是重新實現完全就業的必要條件，而不干預市場以及勞動市場上更多的靈活性將對就業產生刺激。但是，足夠的利潤還不是完全就業的充分條件。一九八二年以來企業利潤在不斷地提高，一九八五年又達到一九七二—七三年的水平。這樣，利潤在增加，經費更爲活套，資金籌集變得更爲容易，具備了高投資的可能性，而且對市場的干預也越來越少。但是，七十年代初的投資額（指投資在社會總產值中所佔的比重）還有二四%，而一九八二年到一九八六年只有二〇%到二一%。這就充分地說明，促進供給的經濟政策還要以促進需求的政策來補充。

(2)一九八六年以來：供給與需求政策相結合

經驗證明，要使得經濟復甦，要讓企業的投資重新活躍起來，不僅要爲企業創造較好的投資環境，而且要讓企業在產品銷售上有較爲樂觀的預期，也就是說，市場上要有足夠的有效需求的存在，能夠滿足企業繼續實現利潤的願望。

聯邦德國著名經濟學家希爾伯特·基爾斯（Herbert Giersch）曾經建議，應該允許那些不能再享受生存補貼㉝的企業完全自由地進行折舊，便是改善供給條件的措施之一。以改善需求條件作爲補充來促進就業也是有可能的，例如實施環保方面的長期項目等。問題只是資金從何而來，因爲要不影響供給，故國家不能借債，也不能加重企業的稅賦。這樣，只有考慮對消費者課以更多的稅，或者減少對不能生存企業的補貼。

一九八六年以後，經濟狀況在實際上也有所好轉。從表四可以看出，經濟增長略有上升，一九八八年還達到三・六%；失業人數儘管仍居高難下，但在逐漸地減少，失業率也有下降的趨勢；通貨膨脹也不是特別的嚴重，一九八六年的物價水平還下降了約○・二%，比七十年代的情況好得多。

九十年代伊始，東西德統一被納入議事日程。一九八九年十一月九日，柏林牆被打開，從而揭開了阻隔東西德二十六年的鐵幕。生活水平的巨大差距，使得成千上萬的東德人移居西德，其中大部分是年輕人。青年勞動力的外流給本來就已不景氣的東德經濟以嚴重打擊。爲了挽救東德的經濟，兩國政治家決議將可以自由兌換的西德馬克引入東德，作爲法定的支付手段，以給予東德人民以希望。經過半年時間的討論與準備，東西德經濟貨幣統一體已於

㉝ 生存補貼是爲了讓某些企業能夠繼續存在下去而給予的一種國家補貼，其目的是保證工作崗位，減少失業。這種作法實際上是加慢了工業結構的轉變。

一九九〇年七月二日得以實現。但是，解決東德經濟的問題，給西德經濟提出了新的任務：貨幣量的增加可能影響到貨幣的穩定，大量的投資需求也可能導致資本市場動盪，利息上升。但這些現象並不是絕對會出現的，隨著貨幣經濟統一體的實現，不僅走出了東西德統一的第一步，而且西德經濟界也從中看到新的機會，形成一股新的投資、建廠熱潮，這將給西德經濟以極大的推動，從而在一段時間以後走向新的繁榮。

三、聯邦德國的對外經濟關係

聯邦德國是一個缺乏能源的國家，經濟發展嚴重地對外依賴。因此，對外經濟對整個國民經濟有著舉足輕重的意義。人們常說：德國靠出口生活，恐怕也不太過分。

1. 對外貿易的發展

(1) 重獲對外經濟自主權

一九四八年的時候，儘管德國從經濟上進行了一系列的改革，如貨幣改革，取消物價管制等，但是，德國還沒有完全的經濟自主權，特別是在對外貿易上。貨幣改革以前，盟軍便成立了一個進出口聯合局（JEIA），目的是籌集足夠的德國出口產品，以便能支付必要的原材料進口。直到一九五一年，進出口聯合局還在德國行使外貿主權。最初，德國的外貿必須進行管制，因爲在一九三六年實行物價凍結以後，國內產品的價格與世界市場失去了聯繫。此外，德國馬克還不能自由兌換，進出口額就完全由進出口聯合局控制。

在外貿領域中，重要的是關稅貿易總協定（GATT）和經濟合作與發展組織（OECD）。關稅貿易總協定的目標是在貿易夥伴中實行最惠國待遇，逐漸實現對外經濟自由化。經濟合作與發展組織的主要任務是相互協調地分配馬歇爾計劃給予歐洲各國的援助，它決定，限制歐洲洲內貿易在數量上的限制，而聯邦德國必須一馬當先。到五十年代中期，九〇%的西德進口都已不再受到限制。

聯邦德國的對外貿易自由化首先是從關稅上開始的。聯邦德國剛成立，便設立了一個關稅委員會，由來自工會、工業界、手工業、商業以及政府的代表組成，負責對一九〇二年以來運用的比羅夫關稅（Bülow-Tarif）進行修改，使得稅率達到接近歐洲其他國家的水平。一九五一年十月，聯邦德國加入關稅與貿易總協定。一九五四年到一九五八年間，它又單方降低多種關稅，而沒要貿易夥伴作出相應的讓步。這樣，西德成爲低關稅國。

(2)從煤鋼協定到歐洲經濟共同體

二次大戰結束後不久，德國的煤鋼生產直接由西方盟軍的國際魯爾局控制，儘管從生產數量上逐漸有所放鬆，但魯爾局的地位一直很重要。正在這時，法國外交部長羅伯特・蘇曼

（Robert Schumann）建議，將整個歐洲的煤鋼工業進行合併。據此，煤鋼合約應該成爲歐洲進一步統一的最初步驟。

歐洲煤鋼共同體的協議於一九五二年十月二十五日生效，合同的有效期爲五十年。這樣，六個簽字國（比利時、法國、意大利、盧森堡、荷蘭及聯邦德國）第一次將部分國家主權轉讓給一個超國家組織。根據協議，簽字國之間實行煤鋼貿易自由化，禁止損害簽字國利益的經濟政策措施。歐洲煤鋼共同體的建立給予德國一個有利的機會，它不僅能改善與法國之間的關係，而且能擺脫魯爾局的控制，政治上贏得了聲譽；在這一領域的成功合作，也轉移了法國對薩爾區的興趣。

一九五七年三月二十五日，煤鋼共同體六國的外長簽署了「羅馬條約」，從而成立了歐洲經濟共同體（EEC）。歐洲經濟共同體合同無限期有效，其目標不僅僅局限於關稅同盟，而且企圖實現完全的經濟溶滙：成員國有義務取消對其他成員國的關稅和貿易限制，實行共同的對外關稅，在經濟政策、農業政策、外貿政策、交通政策以及社會政策上進行協調。共同市場的最終目標是商品交換自由、從業自由、資本流通自由以及支付自由，這樣，歐洲各國便可以越來越緊密地合作。共同體對內免除關稅，對外實行統一關稅的目標都已分步驟地到一九六八年得以實現。之後，共同體的對外關稅被納入關稅貿易總協定的磋商。

對德國而言，農業市場是關鍵部門。在共同體中，法國的農業比較強大，勞動生產率高，並取得出口盈餘。因而，在農產品價格的問題上總難以達成一致：德國希望保持較高的農產品價格，法國則認爲農產品高價將導致過度生產。最後達成妥協，共同體保留較高的農產品價格水平，但聯邦德國必須承擔一切過剩生產的費用。實際上，歐洲經濟共同體從來沒有實現眞正意義上的共同農業市場，特別是聯邦德國，在農業政策上是一個典型的保護主義國家。

(3)西德對外貿易的發展

聯邦德國的進出口總值從一九五〇年的一九七億馬克上升到一九八二年的八、〇四二億馬克，成爲僅次於美國的世界第二貿易大國。德國外貿的一個重要特徵是，自一九五二年以來，出口一直多於進口，儘管德國馬克在不斷地升值，順差一年一年地在增加，從一九五二年的七・〇六億馬克增加到一九七四年的五〇〇億馬克，以後的幾年中，因爲石油價格上漲而有明顯的下降，但到一九八二年，外貿順差又達到五一二億馬克㉞。

但是，在無形貿易領域，聯邦德國總是出現逆差。這裏主要是因爲德國人到國外旅遊的

㉞見《德國詳識——德意志聯邦共和國》，第二一一頁。

支出，在德國的客籍工人給親人的滙款（一九八〇年：六十六億馬克），給歐洲經濟共同體的支付（一九八〇年：五十一億馬克）。

在聯邦德國，五個人中就有一人爲出口生產。這種嚴重依賴對外經濟的原因在於德國是一個人口多、資源少的工業國家。它具有高、精、尖技術，公民也受到良好的教育，生產潛力極爲雄厚，因此，它必須利用這些優勢，去解決進口糧食、原材料和能源的問題。聯邦德國的出口產品主要爲各種機械、車輛、化學產品與電子產品，進口的主要是生活必需品、石油和天然氣。

自從共同體協議簽字以後，關稅同盟逐漸得以實現，聯邦德國與共同體成員國之間的貿易迅速增加。一九八二年，四八％的進口來自共同體國家，同樣，四八％的出口流向共同體國家，最大的貿易夥伴是法國和荷蘭。來自發展中國家的進口也在增加，不僅是因爲石油價格漲了幾倍，而且也從發展中國家進口成品和半成品。七十年代初以來，在新的「東方政策」㊱的影響下，與蘇聯、東歐的貿易也迅速發展。從表六中可以看出聯邦德國對外貿易的地區分布。

㉟ 同上㉞，第二一三頁。

㊱ 「東方政策」指對蘇聯、東歐各國的政策，七十年代以來，冷戰已經結束，相互關係在逐漸溶解。

2. 國際貨幣關係

一九四八年貨幣改革以後，德意志馬克取代帝國馬克而成爲西德的貨幣單位。起初，馬克與美元的比價由國際貨幣基金組織定爲一美元等於三・三三馬克。一九四九年九月，部分西歐國家的貨幣對美元貶值，馬克也在其中，新的比價是一美元相當四・二〇馬克。

(1) 固定滙率制時期

一個國家的國際貨幣關係，在很大的程度上取決於國際貨幣秩序的發展。一九四五年，布雷頓森林體系（Bretton-Woods-System）建立，成立了國際貨幣基金組織（IMF），確定了美元與黃金掛鈎、其他國家貨幣與美元掛鈎的固定滙率體制，從而奠定了戰後到一九六九年國際貨幣關係的基礎。國際貨幣基金組織的一個重要目標就是要實現成員國貨幣的自由滙兌，聯邦德國於一九五二年成爲國際貨幣基金組織的成員，馬克的自由滙兌在一九五八年實現。

在整個固定滙率階段，德國的對外貨幣政策主要是圍繞馬克的升值與否進行的討論。五十年代中後期，西德的物價水平比其他國家發展慢，出口產品在世界市場上非常便宜，因而出口迅速增加，外貿順差也越來越多，黃金外滙儲備提高很快。這樣，貨幣發行增多，信貸可能性擴大，通貨膨脹的勢頭越來越嚴重。一九五六年，艾哈德（經濟部長）就建議讓馬克

表六：聯邦德國進出口的地區分布（單位：百萬馬克）

國家	進口		出口	
	一九七〇	一九八二	一九七〇	一九八二
工業國	八七、四二七	二八六、三三一	一〇四、七一五	三三二、八八七
其中：				
共同體國家	四八、四三四	一八一、一四八	五〇、二五九	二〇五、八八四
其它歐洲國家	一六、六三四	五六、〇九二	二八、三四四	八一、三九五
美國、加拿大	一三、九一七	三一、五七三	一二、六一八	三〇、六四八
其它國家	八、四三九	一七、五〇八	一三、四九四	一四、九六〇
發展中國家	一七、六八四	六八、四七八	一四、九〇四	七二、六八六
其中：				
非洲	六、六八八	二三、一一九	三、四九四	一七、九六〇
美洲	五、三四三	一二、七九七	五、一一四	一一、〇八四
亞洲	五、六一一	三二、七八六	六、二二四	四三、五五〇
大洋洲	四三	五九四	七二	九二
東歐	四、三九四	二一、三五九	五、四〇〇	二〇、五二二

（來源：《德國詳識——德意志聯邦共和國》，第二一五頁）

升值，只是到一九六一年，聯邦政府才使馬克對所有外國貨幣升值五％，但效果極爲明顯，投機資本迅即減少。

到一九六八年，馬克升值的問題又被提出來。原因是法國發生動盪，大量停產，法郎嚴重貶值，馬克便成爲投機的對象，因爲一般人都認爲馬克要升值。一九六九年，新政府組成以後，馬克對美元的滙價放開，美元在當天（一九六九年九月三十日）從四馬克降到三・八四馬克。

(2) 浮動滙率

在西德馬克升值以後，直接的興趣已經從馬克轉移到美國的美元。美國執行的通貨膨脹政策，造成美元在世界上泛濫。一九七一年八月，美國總統尼克森宣布停止美元兌換黃金。緊接著，世界其他工業國便放開滙價，不再履行干預美元的義務。一九七一年十二月，西方十個工業國簽訂「斯米索利安協議」(Smithsonian-Abkommen)，決定重新商議滙價問題。此後，馬克又升值一些，美元也於一九七三年二月貶值一〇％，只是效果甚微，流入聯邦德國的美元仍是源源不斷。三月，聯邦政府作出決定，中央銀行也不再承擔干預美元的義務，美元也不再作爲中心貨幣，中心滙率改爲國際貨幣基金組織的特別提款權。這樣，滙率完全自由浮動。實行浮動滙率制以後，美元跟其他各國貨幣的比價完全根據市場的需求而變化。

此後，馬克與美元的比價時升時降。一九七九年，美元降到一・七一馬克。因爲美國實行高利政策，資本又陸續流向美國，到一九八三年，美元升到二・七五馬克，一九八五年，美元甚至升到三・五〇馬克。但是，一九八九年以來，因爲巨大的財政赤字和外貿逆差，美元又在不斷下跌，新近還降到一・四五馬克的水平。從長遠來看，馬克作爲國際貨幣中的硬通貨是在越來越強的。

(3) 歐洲貨幣體系

一九七二年，歐洲經濟共同體成員國創建了一個貨幣同盟，卽所謂「蛇形貨幣」，目的是爲了防止外滙流入過多影響貨幣價值的穩定，避免貨幣升值對外貿造成危害，但是，「蛇形貨幣」不久就解體了。一九七九年三月，實現了歐洲貨幣體系（EMS），除英國以外的所有成員國都參加進來。每個成員國都確定一個中心滙率，以新的共同體貨幣單位 ECU 來表示。ECU 是以全部參與國的一籃子貨幣計算出來的，各國貨幣的市場滙率可以與中心滙率發生向上或下的偏離，幅度爲五%（向上向下各二・二五%）；意大利的里拉例外，可以向上和向下偏離六%；只要市場滙率超出了允許的擺動幅度，中央銀行就必須進行干預，通過購進或賣出外滙而保證市場滙率重新回到擺幅以內。這種關係只是對成員國而言，對第三國的貨幣滙價則是在外滙市場上自由地形成的。

在歐洲貨幣體系中，西德馬克起著重要作用。聯邦德國的通貨膨脹遠比其他成員國低，馬克也就不斷地升值，這樣，減輕了其他成員國貨幣貶值的壓力，也爲歐洲貨幣體系的穩定作出了貢獻。

3. 發展政策

隨著西方工業國經濟的迅速恢復和發展，解決發展中國家經濟落後的問題也被提到議事日程。特別是兩次石油危機以後，西方工業國也認識到，世界經濟的發展也嚴重地依賴與發展中國家的合作。

第一，合作的形式。與其他工業國家一樣，聯邦德國與發展中國家的合作也包括雙邊合作和多邊合作。多邊合作是通過一系列的國際組織進行的，如聯合國的特別組織、世界銀行及其下屬機構，包括各大洲的發展銀行、歐洲經濟共同體的發展基金等。

在進行雙邊合作時，發展中國家直接從聯邦德國得到援助。這裏，可以區分財政援助，卽以優惠的條件發放貸款；技術援助，卽免費提供專業人材和諮詢人員，提供產品、機器及各種培訓機會。

第二，非官方援助。在聯邦德國，還有一系列的私人發展援助機構，其中包括教會、工會、各種基金會和自願服務組織。教會主要在教育衞生領域與發展中國家進行合作，並建有

表七：聯邦德國的發展援助（單位：百萬馬克）

援助形式	一九七九	一九八二	一九五〇－一九八二
官方援助	六、一四〇	八、九九七	八一、三五九
雙邊	三、九六一	五、五〇二	六一、一〇〇
多邊	二、一八〇	二、一七九	二一、六六五
其它官方援助	二〇五	一、三一六	一二、三六四
私人發展援助	七一四	九四九	七、二三五
經濟界的援助	六、三〇一	六、九八三	一〇四、九〇八
雙邊	四、五六〇	六、〇七四	八八、八二二
多邊	一、七〇一	九〇九	一七、七七八
總計	一三、三六〇	一六、九二九	二〇四、七二〇

（來源：《德國詳識》，第二三〇頁）

大量的社會服務中心。他們的資金部分來自捐贈，部分來自國家的稅收。

一九六三年，在波恩成立了一個非營利性的德國發展援助股份有限公司(GDE GmbH)，其成員包括聯邦德國和一個工作組「海外學習與援助」，他們派遣發展援助人員到發展中國家。

第三，援助的範圍。一九八二年，聯邦德國給予發展中國家的總共援助達一七〇億馬克。在官方的援助中，比一九八一年增加二·九三億馬克。教會與私人的援助也達九·五億馬克，從表七中，我們可以看到聯邦德國發展援助的大致情況。

到此爲止，我們從經濟體制、國民經濟的總體發展、以及對外經濟等方面對聯邦德國的經濟作了概略的介紹。自然，入門性的讀物不能被當做專業著述來看待。要進一步深入地了解聯邦德國戰後以來的經濟情況，還必須作更廣泛的工作，有興趣的讀者不妨試讀本文後面所引述的德文著述。

參考書目

卡爾·哈達赫：《二十世紀德國經濟史》，商務印書館，北京，一九八四年。

《德國詳識——德意志聯邦共和國》，固特斯洛，一九八四年第四版。(*Tatsachen über*

Deutschland.-Die Bundesrepublik Deutschland. Gütersloh, 4. Auflage, 1984）

安東尼奥・約翰：《經濟奇蹟的起步》，出版在魯道夫・波特萊編纂的《聯邦德國之初》一書，杜塞爾多夫，一九八九年。（Autonius John: *Aufbruchins Wirtschaftswunder*, in *Kinderjahre der Bundesrepublik,* hrsg. von Rudolf Pōrtner. Dūsseldorf, 1989）

赫爾姆特・基思特勒：《聯邦德國歷史》波恩，一九八六年。（Helmut Kistler: *Bundesdeutsche Geschichte*, Bonn, 1986）

魏登非爾特／齊默爾嫚：《德國手册》波恩，一九八九年。（Weidenfeld/Zimmermann: *Deutschland-Handbuch.* Bonn, 1989）

恩施斯・赫爾姆斯苔德：《聯邦德國的經濟制度——社會市場經濟》發表在魏登非爾特／齊默爾嫚編纂的《德國手册》一書中。（Ernst Helmstädter: *Die Wirtschaftsordnung in der Bundesrepublik*: *Sozialmarktwirtchaft.* In: Weidenfeld/Zimmermann: *Deutschland-Handbuch*》

《聯邦德國：一九五五—一九六六》《政教資料》第一七六期，聯邦政教中心，一九八八年。（*Die Bundesrepublik Deutschland*: 1955-1966 *Informationen zur Politischen Bildung*, 176. Bundes-Zentrale für Politische Bildung, 1988）

彼得・波羅夫斯基：《德國：一九六三—一九六九》，漢諾威，一九八三年。(Peter Borowsky *Deutschland: 1963-1969*. Hannover, 1983)

迪特・格羅薩：《經濟政策：脈絡與問題》，在聯邦政教中心編纂的《聯邦德國：歷史和認識》一書中。波恩，一九八九年。(Dieter Großer: *Wirtschafts-Politik: Grundzüge und Probleme. In: Bundesrepublik Deutschland: Geschichte, Bewußtsein*, hrsg. von der Bundes-zentrale für Politische Bildung, Bonn, 1989)

《政治數據：一九八三年》波恩，一九八三年。(*Politik in Zahlen '83*, Bonn, 1983)

《議會報》特刊《來自政治和當代史》，第一八／九〇期，一九九〇年四月二十七日。(Beilage zur Wochenzeitung "Das Parlament": *Aus Politik und Zeitgeschichte*, B 18/90, 27. April 1990).

戰後農業概況

由振國

一、農業概況

聯邦德國不僅擁有高度發達的工業，而且具有高效率的農業。

同工業的騰飛一樣，農業的飛躍也是在過去的四十多年內實現的。二次世界大戰後，德國的農業發生了天翻地覆的變化，大批農民轉到了工業和服務行業。一九五〇年全國有百分之二十的就業人員務農，然而今天農民人數只佔全國就業總人口的百分之五左右。與此同時，小型農場逐步減少，大型農場漸漸增加（表一）；每百公頃農用地所擁有的拖拉機瓦數從戰前的二・二千瓦增加到了一九八六年的三九九・一千瓦（表二）；耕牛數則從一九五一年的二、一〇〇、〇〇〇頭降到了一九七一年的二九、〇〇〇頭，今天耕牛在西德已消失得無踪無影了。與此相反，化肥施用量迅猛增加。一九五一年每公頃的純氮、磷、鉀的施用量分別只有二五・六、二九・六和四六・七公斤，而一九八六年高達一二六・一、六一・三和七七・五公斤（表三）。先進的經濟管理方法、農業增產技術的引入及機械化程度的提高，

表一　全德農場數目及平均規模

規模（公頃）	數目 1,000個 一九四九	數目 1,000個 一九八六	數目 % 一九四九	數目 % 一九八六	總面積 1,000公頃 一九四九	總面積 1,000公頃 一九八六	總面積 % 一九四九	總面積 % 一九八六
一—一〇	一、二六二・五	三四五・六	七六・六	四八・八	五、一三〇・九	一、四七九・七	三八・六	一三・四
一〇—二〇	二五六・二	一五五・〇	一五・六	二一・九	三、五四三・二	二、二五六・九	二六・七	一八・九
二〇—三〇	七三・二	九一・八	四・四	一三・〇	一、七三九・五	二、二五〇・二	一三・一	一八・九
三〇—五〇	四〇・三	七六・六	二・四	一〇・八	一、五〇四・五	二、九〇四・五	一一・三	二四・四
五〇—一〇〇	一三・六	三三・三	〇・八	四・三	八一七・三	二、一六六・九	六・二	一八・二
大於一〇〇	三・〇	五・四	〇・二	〇・八	五四四・一	八五一・三	四・一	七・一
合計	一、六四六・八	七〇七・七	一〇〇・〇	一〇〇・〇	一三、二七九・五	一一、九〇九・五	一〇〇・〇	一〇〇・〇

表二　全德勞力、畜力及機械變化狀況

（單位一、○○○）

類別	戰前	一九五一	一九七一	一九八六
整勞力	三、八五二	三、八八五	一、三六三	八四四・八
馬	一、二五六	一、二○○	一九一	二一七
耕牛	二、二八七	二、一○○	二九	○
拖拉機	二○	一三九	一、三五六	一、四七九
每百公頃拖拉機千瓦數	二・二	一六・九	二○五・九	三九九・一

表三　全德每公頃平均化肥施用量

年份	氮 N	磷 PO_5	鉀 K_2O	鈣 CaO
戰前	二三・六	二八・三	四三・四	五六・四
一九五一	二五・六	二九・六	四六・七	四七・五
一九七一	八三・三	六七・二	八七・二	四九・五
一九八六	一二六・一	六一・二	七七・五	一一二・九

給聯邦德國的農業帶來了驚人的生產效率。一九八六年全國的農業總產值高達五九二億馬克，其中種植業產值一九〇億，畜牧業和漁業產值四〇二億，爲煤炭工業產值的兩倍，與服裝和紡織工業的總產值持平。農業生產不但滿足了西德八〇%的食品需求量（表四），還爲國家提供了豐富的工業原料和外來勞動資金，推動了其它產業的發展，緩解了失業等社會問題，對西德的國家安定和經濟持續增長起了不可缺少的作用。然而由於耕地的不足和工商業

表四　西德農產品自給程度（%）

農產品種類	自給程度	農產品種類	自給程度
糧食	九五	禽肉	六〇
豆類	二一	魚類	三一
馬鈴薯	九三	飲奶	一〇四
糖	一四〇	濃縮奶	一五〇
蔬菜	三九	奶酪	一〇二
水菓	五一	蛋	七三
肉	八九	脂肪	七五
其中：牛肉	一一六	其中：黃油	一一二
豬肉	八六	動植物油	三三

的高度發展，近年來農業在西德的國民總收入中只佔約一・五%左右，遠遠低於製造業、手工業及服務行業，且有萎縮趨勢，是歐洲共同體中農業比重最低的國家（表五）。

表五　農業在歐洲共同體各成員國國民總收入中所佔的比重（%）

成員國	一九七五	一九八〇	一九八五	一九八七
比利時	三・二	二・四	二・四	二・一
丹麥	二・九	四・七	五・〇	四・〇
聯邦德國	二・九	一・九	一・七	一・五
希臘	一八・一	一六・六	一六・七	一五・八
西班牙		六・三	五・八	五・一
法國	五・五	四・二	三・八	三・四
愛爾蘭	一七・三	一一・〇	一〇・一	一〇・〇
意大利	七・四	六・一	四・九	四・四
盧森堡	三・四	二・五	二・五	二・四
荷蘭	四・六	三・六	四・一	四・〇
葡萄牙		七・九	六・九	六・三
英國	二・五	二・〇	一・七	一・六

二、農業內部結構

1.農場和合作社

截止一九八六年，西德共有七〇七、〇〇〇個農場。農場分公立和私立兩種。公立農場多屬大學和科研單位主管，佔的比例很少。私立農場歸農民或農民聯盟所有。農場規模自南向北逐步增大。在南部的巴登州，農場的平均規模爲一二·四公頃，而在北部的石勒蘇益格——荷爾斯泰因州，農場的大小平均爲三五·九公頃。農場規模的這種南北梯度與當地的土地繼承風俗有關。在北德土地多由兄弟中的老大一人繼承，而在南德過去有兒女平分土地的習慣。全國農場的平均收入高於歐洲共同體各成員國的平均水平，低於丹麥、盧森堡、英國及荷蘭，因爲上述四國的農業結構比西德更爲合理。一九五〇年以來，西德雖然通過土地歸併措施使得農場的規模有了明顯的擴大，但小型農場在今日西德農業中仍佔有一定的比重。然而小型農場畢竟不利於機械化和集中經營，且競爭力弱、生產效率低。這就促成了土地的轉租及合作社的形成。目前西德六〇%的農場有租借地，租借地佔全國總農用地的三四%左右。

合作社的形成要追溯到一八四七年。此年 F. W. Raiffeisen 州長本著自我負責、自力更生、互相幫助的原則創立了德國第一個合作社。一八六四年又產生了信用社和物資合作社。八年後第一個農業合作社又在黑森州誕生。Raiffeisen 合作社和農場合作社的創立極大地推動了當時德國農業的發展。合作社也因此而辦得越來越興旺。新的合作社如雨後春筍，應運而生，到一九八六年西德已有六、二二一多個合作社，佔全國農場總數的一％。

一九五八年西德又出現了兩種新的自願合作形式。其一是農機團體。在農機團體中農機分別爲各個農場所有。它的形成促進了農民有組織地對鄰居互相有償幫助，極大地提高了農機的利用率。目前已有二四％左右的農場加入了農機團體。其二是農機共同體。在農機共同體中農機爲許多農場共同佔有使用。它既解決了個別農場購置大型農機的困難，又提高了農機的利用率和農業生產效率。此外，西德政府又於一九六九年在市場結構法中明確提出了促進農場合作、共同適應市場的條文，從而又導致了以根據市場需求統一安排生產和銷售爲目的的農產品共同體的形成。它的創立協調了農產品的供求關係，穩定了國內的農業市場。這些成功的經驗很值得中國大陸借鑒。

2. 勞動力的來源和收入

今日聯邦德國共有九、一七九、〇〇〇人以務農爲生，每百公頃耕地平均有七・七個農民，高於丹麥、法國和英國，低於荷蘭。農業勞動力主要來源於農場主本家，本家勞動力佔八九%左右，外來勞力佔一一%左右。務農的人口中大部分爲男人，佔六九%左右，多分布在大型農場中。女農民佔不到三分之一，年齡在三五~五四之間，主要分布在小型農場中。

目前全德每個整農業勞力平均佔有二五七、八一三馬克的活動資金，其中四四%用於種植業，一六%用於建築，一一%用於機械修配及購置，一三%用於動物飼養，一二%作爲流動資金。與工人相比，農民的收入稍低些。農民每小時毛收入平均爲一四馬克，月薪二、七○○馬克，而工人每小時平均毛收入一八·七馬克，月薪三、二○○馬克左右。然而由於西德的農業生態環境好，風調雨順，自然災害少，加上工作自由，工作環境空氣新鮮，有利於身體健康，生活也較爲穩定，沒有失業威脅，故現在有相當一部分青年願意學農務農，務農成了比較時髦的職業。

3. 種植業

西德的氣候溫和，雨量豐富，土地肥沃，年平均溫度攝氏九度，降雨量五○○~一、八○○毫米，土壤有機質含量二~六%，無霜期二○五~二五○天，是少有的種植樂園。這種得天獨厚的自然資源爲西德的種植業打下了良好的基礎。

目前全德約有七、二五一、三○○公頃種植面積，其中農作物種植面積佔六○%，牧草地佔三八%，葡萄園佔一%，果園及菜園等佔一%。主要種植作物爲小麥、大麥、燕麥及甜

表六　西德主要作物的產量水平及其相對播種面積

作物種類	一九五〇／一九五四		一九六八／一九七三		一九八六	
	面積（%）	產量（斤／畝）	面積（%）	產量（斤／畝）	面積（%）	產量（斤／畝）
黑麥	一八・一	三一八・七	一一・八	四四八・〇	五・九	五七〇・三
小麥	一三・六	三六一・三	二〇・三	五六〇・〇	一三・七	八四一・三
大麥	八・六	三四一・三	一九・六	四九七・三	二六・九	六四二・七
燕麥	一六・五	三三二・七	一五・八	四五八・七	八・三	五九二・〇
玉米類	〇・一	三五〇・七	一・三	六七三・三	二・六	九三七・三
豆類	〇・八	二四五・三	〇・三	四〇一・三	一・〇	五〇四・〇
馬鈴薯	一四・三	二、九四五・四	七・五	三、七五七・三	二・九	四、六九八・七
甜菜	二・八	四、六〇六・七	四・二	五、九九六・〇	五・四	六、九一七・三
飼用蘿蔔	七・五	五、六七七・三	四・五	二、九一七・三	一・三	三、九〇六・七
油料作物	〇・四	二二七・三	一・二	三〇四・〇	四・二	四二〇・〇
飼料作物	一四・八		二二・二		一七・四	
休閒	〇・六		〇・六		〇・一	
其它	一・九		一・七		一・三	
總耕面積（公頃）	八、〇五九、〇〇〇		七、五七五、〇〇〇		七、二五一、三〇〇	

菜等。在過去的四十年中，黑麥、燕麥和馬鈴薯的播種面積逐年下降，小麥、大麥、油料作物及甜菜的播種面積漸漸上升，禾穀類作物的產量翻了一翻（表六）。一九五〇年小麥和大麥兩種主要作物的平均產量分別只有三六一・三和三四一・三斤／畝，而一九八八年分別上升到九一二和六九六斤／畝，遠遠高於中國大陸的平均單產水平。當然中國大陸的小麥產區多爲兩熟制，西德爲一熟制。同中國一樣，西德的播種面積也在逐步萎縮，一九五〇年全國有耕地面積八、〇五九、〇〇〇公頃，而到一九八八年只剩下七、二五一、三〇〇公頃，減少了一〇％。近年來農用地下降速度更是驚人，已連續數年以每天減少一五〇公頃的速度遞減。按此速度繼續下去，大約二百二十年後西德的農用地就會全部消失掉。當然這是不可能的，目前政府已採取了許多措施，阻止農用地的繼續縮減。

4.畜牧業

與種植業相比，西德的畜牧業更爲發達，在歐洲共同體中處於領先地位，其產值佔全國農業總產值的三分之二左右。

養牛業和養豬業不但是西德畜牧業的兩大骨幹，也是西德農業的兩大支柱。養牛業和養豬業的收入分別佔全國農業總產值的四三・五和一八・五％。僅養牛業一項的收入就超過了整個種植業收入的總和。一九八六年全國共養有一五、三〇五、〇〇〇頭牛，其中五、三九

表七　西德各種動物飼養量（一、〇〇〇頭）

動物的種類	一九五〇	一九七〇	一九八六	一九八八
奶牛	五、七三四	五、五六一	五、三九一	五、〇二四
肉牛	五、四一五	八、四六五	九、九一四	九、六三五
豬	一一、八九〇	二〇、九六九	二四、五〇三	二二、五八九
羊	一、六四三	八四三	一、三八三	一、五一六
蛋鷄	四四、七六一	七七、〇八〇	四九、七〇〇	四五、八〇〇

一、〇〇〇頭奶牛（表七）。奶牛主要分布在擁有牧草地的丘陵地區。各牛場飼養牛數在五〜一〇〇頭之間。一九八六年飼養二〇〜三〇頭奶牛的牛場佔三〇・七%，近年來飼養五〇〜一〇〇頭奶牛的牛場有所增加，但多於一〇〇頭的奶牛場比較少見。由於歐洲牛奶生產過剩及牛糞污染的加重，一九八四年歐洲共同體採取了限制牛奶生產的措施，致使西德的奶牛飼養數從一九八六年的五、三九一、〇〇〇頭，進一步下降到一九八八年的五、〇二四、〇〇〇頭。肉牛生產於八十年代初達到高峰，近年來也呈現出下降趨勢。

○○與養牛業相比，養豬業比較樂觀，全國各豬場的平均飼養頭數為六二頭左右，飼養少於一○○頭的豬場佔八四・三%。近年來飼養四○○頭以上的大型豬場層出不窮，一九八六年這種大型豬場所飼養的豬數佔全國飼養總數的三七%左右。然而近年來豬的飼養頭數也有所下降，一九八六年全國共養有二四、五○三、○○○頭，而一九八八年只有二二、五八九、○○○頭。

養鷄業比養豬業稍差。一九八六年全國有八六%的鷄場飼養一、○○○隻鷄以上。飼養方法主要是籠式機械化飼養，鷄場佔地面積一般在一公頃左右。

羊的飼養目的主要是產毛，但肉羊飼養量也有一定數量。由於其他飼養業的蕭條，養羊業近年來有所回升。

農機的推廣使得農用馬的飼養迅速消失，然而賽馬運動的興起給馬的飼養帶來了福音。目前西德已成立了許多育馬聯盟，專門培育賽馬，使得全國馬的飼養總數從一九八二年的三六九、○○○匹上升到一九八八年的三七五、○○○匹。

近年來西德畜牧業中的重要動物飼養量雖然不斷萎縮，但畜牧業的總產量下降並不大，尤其是豬肉產量，這與採用新技術帶來的較高的生產效率是分不開的。自一九五○年以來，西德優良雜交動物的飼養量不斷增加，促奶增肉的飼料填加劑不斷得到開發和應用，使得

表八　西德主要飼養動物的存欄數及其平均生產效率的變化

年份	存欄數（一、〇〇〇頭）			生產效率			
	牛	豬	鷄	奶牛年產奶量 公斤／頭	肉牛增重量 克／天	豬增重量 克／天	鷄產蛋量 個／年
一九五〇	一、五三六	二、三九四	一、七五一	二、五六〇			一二〇
一九七〇	八四三	一、〇二八	一、三〇五	三、八一二			二一六
一九八六	四三一	三九三	三一七	四、八四七	一、一七一	七八六	二五七

牛、豬、鷄等飼養動物的存欄數逐漸下降，每頭奶牛的年產奶量從一九五〇年的二、五六〇公斤上升到一九八六年的四、八四七公斤，每隻蛋鷄的年產蛋量從一九五〇年的一二〇個增加到了一九八六年的二五七個。目前肉牛每天可增肉一公斤以上，生豬每天則可增重七八六克（表八）。

5.林　業

西德的林業也比較發達。全國平均森林覆蓋度約爲三〇%左右，其中四百萬公頃爲國家所有，三百萬公頃爲私人所有。

樹木較多的州依次是拜恩州、巴登州、黑森州及萊茵蘭—法爾次州。

對於樹木，國家有專門的森林保護法，森林佔有者有義務在伐光的或缺樹的林地上重新植樹。植樹成活率高達九九%以上，不像中國大陸「年年植樹不見林，歲歲種草不見青」。

全國每年大約可採伐木材三千萬實積立方米。然而這並不能滿足國內對木材的需求，國家每年還要進口一定數量的圓木和木板。

綠色是生命的象徵，它給人以活力和希望。森林不僅是人類的木材來源，也是人們養身延壽的樂園。此外，森林還可覆蓋土壤、防止水土流失、淨化空氣、改善氣候、減少自然災害、美化環境，對環境保護和國家風光的裝飾有極爲重要的作用。爲此，一九七五年西德又增設了一個「保護森林、發展林業」的法規，規定林地改爲其他用地時，必須有當地政府的許可，任何人不得隨意毀林墾荒。爲了使人工林更接近於天然林，提高森林的抗逆性，近年來許多以生產木材爲主的國有純生林被改爲混生林。因爲隨著環境污染的加重，西德的森林受害面積不斷擴大。一九八九年全國約有三分之二的樹木受到不同程度的危害，其中受害最重的是以生產木材爲主的純生針葉林。污染源主要是煤炭和石油燃燒時所產生的 CO、SO_2 等廢氣。這些污染物一半源於本國，另一半主要來源於東德。東德空氣中的污染物的濃度要比西德高得多，原因在於東德的耗能量比西德高五〇%左右，而許多能產生污染物的耗能工廠又沒有安裝有效的廢氣過濾器。爲此，東德開放後，西德對東德的第一個援助項目就是環境保護。西德綠黨還到處呼籲政府資助歐洲共同體的其他國家治理生態環境，保護樹木花草。社民黨則提出增設「生態稅」，利用經濟槓桿驅使人們自覺地保護生態。可以預見，西德的許多病林將來很有希望起死回生。

6. 漁 業

同農牧業一樣，西德的漁業內部結構也在過去的幾十年內發生了很大變化。隨著捕魚區的銳減及過渡捕撈引起的傳統魚類密度的急劇下降，西德不得不與其他國家聯合開發新的捕撈基地。一九七七年一月歐洲共同體的成員國們首次聯合在大西洋北部和北海開發了二○○多海浬的捕魚區。一九八三年共同體內又簽定了關於捕撈率、沿海貿易區劃及保護魚羣的條約。

與歐洲共同體的其他國家如丹麥和西班牙相比，西德的捕魚業不太景氣。在一九七○～一九八六年的十六年期間，丹麥的捕魚量從一、二二六、○○○噸上升到一、六九六、○○○噸，而西德的捕魚量則從六一三、○○○噸下降到一七六、○○○噸，減產率達七一%。減產的原因之一與西德颳起的「線蟲病風波」而引起的漁產品市場變軟及數百漁民棄漁改行有關。目前西德政府及歐洲共同體已制定了嚴格的漁產品線蟲檢測條例，宣傳魚的營養價值，鼓勵民衆吃魚，將來西德的漁業可望有所回升。

表九　西德近岸及遠洋捕魚量（噸／年）

魚種	一九七〇	一九七六	一九八二	一九八七
鱈魚	一七四、三三五	一〇六、三八〇	七三、二七五	
鱸鮋	七一、五五二	五四、六九六	五八、八〇一	
綠鱈	六〇、四三三	一〇二、〇六〇	二一、二一五	
鯡魚	一六六、二八五	二二、七五二	一七、八八七	
總捕撈量	六二三、〇〇〇	四二六、〇〇〇	二八六、〇〇〇	二〇二、〇〇〇

西德的捕撈區以北海爲主，一九八七年北海的捕撈量佔全國總捕撈量的五〇・四%，其次是東海、大不列顛西部海域及挪威海岸。遠洋捕撈和近岸捕撈量基本相等。捕撈種類主要是鱈魚、鱸鮋、綠鱈及鯡魚（表九）。目前全國漁產品自給度爲二八%，人均吃魚量約爲十二公斤／年。

三、農業政策

農業政策是聯邦德國經濟和社會政策的一個重要組成部分。西德制定農業政策的目的在於：

1. 提高西德農業的生產效率和國際競爭能力，保護農民利益，改善農民生活。
2. 爲全國人民供應優質廉價的食品。
3. 穩定和發展人民大衆的自然生活基地。
4. 改善農業的對外經濟關係及世界營養狀況。

圍繞著上述四個目的，聯邦德國政府先後制定了許多詳細的市場政策、價格政策、稅收政策、農業結構及農產品消費等政策，合理地運用了經濟槓桿解決了農業生產過程中出現的問題，尤其是近年來在新的農業政策方面取得了巨大成功，對理順農業結構、協調農產品供需關係、穩定市場、提高德國農民企業的競爭力、保護生態環境等起了極其重要的作用。這些新的農業政策主要是：

1. 鼓勵退耕還草、綠色休閒，調整農業生產結構，實行粗放農業，限制施用化肥及農藥，以解決糧食生產過剩引起的市場變軟及糧食價格下降等問題，避免或減輕集約農業引起的環境汚染。政策中規定：農民每休閒一公頃耕地，政府每年補貼七〇〇馬克，得到補貼的農民必須至少將二〇%的耕地休閒五年，且在休閒地上五年內不得施用化肥和農藥，也不得將以前的草地改爲耕地。目前全國已有一七〇、六三五公頃耕地實行了綠色休閒，佔全國播種面積的三・六%。

2. 鼓勵棄農者，保障社會安全，擴大農場規模，改善農業結構，緩和市場。政策中規定：凡年滿五十八歲的農場主若停止其農場生產經營或使其耕地永久休閒，可因此而得到政府頒發的退休金、健康和農業事故保險金；年滿五十八歲的農工退休時，可從政府得到相當於其退休前工資的六五%的退休金。

3. 改善以種植業爲主的鄉村小農場對以專業化動物飼養爲主的大型飼養場的競爭地位，促進各級社會結構的收入平衡。根據這一政策，鄉村小農場每年每公頃耕地可從政府得到九〇馬克的補貼。

由於農業生產的持續過剩、農產品價格下降和市場變軟的現象也相繼在其他共同體國家出現，因此西德的上述成功的農業政策，在一九八八年二月的歐洲共同體會議上大部分也被納入了歐洲共同體的農業政策中。

在稅收政策上，西德政府採取的主要措施是減少農業稅收，減輕農民納稅壓力。

在農業社會政策上，政府主要採取了減少收入較低的農民的社會保險費。一九八八年全國有三七、〇〇〇個農場、二五〇、〇〇〇個農民獲得優惠，一九八九年每個農場的最高優惠額達三、九〇八馬克。

在林業政策上，一九八八年政府撥出了一・一八億馬克，重點資助能減輕林木受害和提高林農收入的措施。

在漁業方面，政府主要制定了改善漁業結構、裝備漁輪、保持捕撈量和魚的繁殖量的平衡及防止海洋污染等政策。

任何一件事情都有利有弊，農業現代化在大大地提高農業生產效率的同時也常帶來一些生態問題。農藥的無限施用不但能使自然界大量的動植物滅絕，還能污染空氣、水源、土壤及農產品，損害人身健康；化肥的大量施用既可破壞土壤結構，又能污染地下飲水源，增加人類疾病；先進的中耕除草機械及除草劑的應用則常招致水土流失；畜牧業的過度發展也能使動物糞便成災，污染環境。目前西德已有三〇％以上的飲水源的飲水中的農藥含量超過了危害人類健康的水平，許多地區的地下水硝態氮含量超過了五〇ppm，致使癌病患者激增，人心惶惶不安。爲此聯邦德國政府十分重視環保問題，不但確立了自然環境保護法，還制定了一系列在不破壞生態環境的前提下發展農業生產的方針政策，如鼓勵在飲水源區免施化肥、農藥；資助搞綠色休閒；限制糧食生產，發展油料作物等，對各種作物、水果及飼養動物的生產都有具體明確的獎罰措施，引導農民自覺地保護環境、發展生產。

四、農業管理和教育

聯邦德國的農業由聯邦農業部主管，其下屬的是各州農業部、大學及科研單位。聯邦農業部主要負責制定農業政策和編寫農業報告，各州的農業部則重點負責組織本州的農業生產。大學及科研單位的主要任務是農業科研及教育。各州農業部又都下設有以應用研究爲主的科研所、農業職業培訓學校及諮詢站。

綜合大學一般都設有農學系，負責培養農業科技人員及農民。學生來源通過「自願報名、擇優錄取」而實現。新生入學前必須先在某一農場或科研單位實習兩個月以上，以使學生對農業有一個感性認識。入學後的前兩年，學生主要學習專業基礎知識，不分專業和班級，兩年後學生一般應根據自己的興趣選擇其相應的專業，進入專業知識學習階段。專業課學完後便開始做畢業論文。論文通過後便可得到農業工程師職稱，相當於中國的碩士學位。從入學到取得農業工程師職稱一般需要五～六年，邊工邊讀的學生則需要十年以上。大學畢業後成績優異的學生便可申請做博士論文。博士生學習階段無指令性課程，一般只參加一些與自己的論文工作有關的學術討論會。博士生的主要工作是做實驗，每學期一般都得就自己的實驗結果做一次學術報告。聽報告的人很少說恭維話，多數是批評博士生實驗中的不足，這一點中國人開始可能不大習慣。然而「忠言逆耳利於行，良藥苦口利於病」，經過反復的批評和自我批評，德國的博士論文最後一般都有較高的質量。農學博士論文一般需要四～五年才能完成。

州屬的農業職業培訓學校主要是面向農民。它具體分種植業職業培訓學校、畜牧業培訓學校、園藝培訓學校及林漁業培訓學校等。爲了適應知識的更新，加快農業新技術的推廣，各州還分門別類地設立了許多農業諮詢站，免費爲農民服務。這一點值得中國大陸借鑒。

五、農業科研和發展方向

聯邦德國的農業科研工作由聯邦農業部主管。科研工作主要在研究所及大學進行。聯邦農業部下設有十二個科研單位，擁有三、五〇〇人的科研隊伍，每年投放三億馬克的科研經費。部裏一般只定出籠統的科研方向和題目，具體科研計劃由中標的科研主持人擬定。除了聯邦農業部外，各州政府、聯邦科研協會、各大公司及其他科研基金會等每年都有相當一部分專款用於農業科學研究。

根據聯邦農業部的計劃，西德九十年代的農業科研重點是：

1. 生產與生態毒理學
2. 生態系統的功能
3. 農業生產基地的保護及生物生態農業
4. 生物基因工程
5. 植物基因資源的搜集與保存
6. 工業再生原料

由上述科研題目不難看出，聯邦德國的農業今後將向以滿足本國農產品供應、保護生態環境、提高農產品質量及降低生產成本爲目的生態農業方向發展。

值得注意的是，西德農業近年來持續萎縮的主要原因不是西德沒有能力發展農業，而是國際農產品市場調節的結果。在當今世界農產品價格低廉、工業產品價格高昂的情況下，西德政府適當壓縮本國農業生產，保護環境，蓄養地力，發展工業，增加農產品進口，顯然是一明智之舉，很值得我們深思。可以預見，將來國際農產品價格一旦大幅上漲，西德的農業必將會東山再起，躍居世界前列。

聯邦德國的環境保護

王卯輝

一九七二年，第一次「世界環境大會」在瑞典首都斯特哥爾摩召開，這次具有歷史意義的會議標誌著世界範圍環境保護的開始。時隔十八年後的今天，環境污染依舊是威脅人類生存與發展的全球性問題，並且由於人口的急劇增長、能源的日益枯竭、土地和水源大面積的污染而變得更加嚴峻。聯邦德國是一個發達的工業國家，這裏綠樹成蔭、天空蔚藍、百鳥競飛，清水潺潺，猶如一個美麗的大花園。這裏環境保護的成功經驗，尤其是在宣傳、教育、立法以及處理好工業與環境關係諸方面，非常值得我們學習與借鑒。

一、發展史簡述

十九世紀中葉開始的工業化在人類環境中留下了深刻的印跡，煙囪和蒸汽機車噴出的濃煙籠罩了天空，河流和湖泊變得污濁，城市和公路的無度蔓生吞噬了大片土地，隆隆的機器聲使人們失去了往日的寧靜。時有個別污染事故造成健康和財產的損失，引起法律糾紛，於是環境污染開始受到法律約束。一八七一年，德國「企業條例」中規定對一些有危險性的工業設備實行申報批准義務，一八七三年「民事法」中增加了「保護因環境危害而引起的財產損失」的條文，以後又陸續出現一些與環境有直接聯繫的法律，如一八八七年的「水源法」，一九三五年的「帝國自然保護法」等。環境保護在最初階段的發展是非常緩慢的，各項有關法律首先是基於維護公民生活和財產角度，而不是把自然環境作爲一個整體加以保護。出於認識的局限，人們把大自然看成是取之不盡、用之不竭的原料來源地和廢料堆積場。儘管有人因環境污染而嚴重地損害了健康，更多人看到的是工業化帶來的經濟奇蹟，許多科學家對環境污染的警告被淹沒在一片隆隆的機器聲中。

第二次世界大戰後經濟重建，工業有了高度發展，同時環境污染也達到了前所未有的嚴重程度。一九五二年的「倫敦煙霧」事件，在短短兩個星期內有數千居民喪生，追查原因，才知道是工業和民用燃燒設備排放出富含二氧化硫（SO_2）和一氧化碳（CO）煤煙在倫敦上空積累所致。一九五六年在日本的米那瑪塔（Minamata 的音譯）海灣出現的一種怪病，其原因是因爲一家工廠將含汞污水排放到這個海灣，共使一、〇二三人患病，九二人死亡。一九六五年，荷蘭的斯開文寧根（Scheveningen）海灣因銅離子污染而使大量魚類死亡。到六十年代末，環境污染已不再是時而發生的個別現象，從空氣到水，從森林到農田到處都有一幕幕污染景象。同時，環境污染跨越了國界。在荒無人跡的南極，人們從企鵝的脂肪層中發現了DDT。西歐國家工業排放的煙氣飄移到北歐的瑞典上空，形成酸雨。一九六八年，瑞典政府就酸雨問題敦促聯合國召開「世界環境大會」，尋求國際間合作。一時間，各國政府開始發現環境污染問題的嚴重，紛紛研究對策。

一九六九年，西德社會民主黨（SPD）和自由民主黨（FDP）組成以布朗德（Brandt）爲首的聯合政府，決心在環境保護方面有一番作爲，在政府聲明中指出要優先考慮環境問題。接著在一九七〇年初，成立了總理親自領導的，由十三名部長組成的環境委員會，主管環境保護工作。各種新聞媒介都廣爲報導和宣傳，是很好的環境啓蒙教育，在社會上形成了廣泛的羣衆支持。一九七一年，聯邦政府發表了「環保方案」，其中指出：環保政策是各項措施的綜合，其目的在於確保人類有一個健康和人道的環境，避免土地、空氣、水以及動植物因人類活動而受到危害，消除已產生的環境損失。這個具有指導意義的文件第一次把自然環境中的各種介質看作互爲聯繫的統一體，指出了人類生存與自然環境的依賴關係，標誌著西德現代環境保護的開始。從此以後，西德頒布了大量的環境法律和條例，建立起逐漸完善的管理和科研體系，「環保方案」也在歷次政府更迭中被沿用下來。由於環境保護意味著對舊的價值觀念和體制的變革，是從國民經濟宏觀角度考慮環境污染的損失和代價；而自由經濟只注意企業的自身利益，將公共所有的自然界無償地取之用之，因此「環保方案」在實施中遇到了實業界的極大阻力。「汽油含鉛法」的執行就是典型的一例。鉛是汽油抗爆劑的有效成分，燃燒後以細微顆粒狀形式飄浮在空氣中。醫學證明，含鉛粉塵被人呼吸入體內，雖然大部分鉛被重新排出體外，但少部分能積蓄在骨組織中，日積月累就可能發生中毒，損害人的神經系統和造血功能。解決問題的辦法是禁止汽油中使用含鉛抗爆劑，科學家們認爲，無鉛抗爆劑在技術上是可行的。政府立即著手制定「汽油含鉛法」，計劃從一九七二年一月一日起使汽油中鉛含量降到○・四克／升（一九七○年汽油平均含鉛量爲○・四四克／升），從一九七六年一月一日起再降至○・一五克／升，到一九八○年基本禁止含鉛汽油。此事遭到石油業和汽車業的極力反對，他們否認減少汽油含鉛的必要性和技術上的可能性，聲稱上述法律一旦實行將會給工業帶來一場災難。汽油抗爆劑生產商認爲鉛無損人體健康；石油業集團組織否認減少鉛含量會給環境帶來好處；汽車製造商更是製造輿論，聲稱沒有含鉛的抗爆劑，幾百萬輛汽車頃刻間就會報廢。今天來看，這些理由無一立足之處。衝破重重阻力，「汽油含鉛法」終於在一九七一年獲准實行，但法律中沒有規定禁止汽油含鉛的時間，這顯然是政府在一定程度上向工業妥協的結果。「汽油含鉛法」的實施減少了空氣的鉛污染，不但沒有給工業帶來災難，反而促進了工業開發新技術，不斷發展；到一九八九年，含鉛抗爆劑已基本停止使用。

在西德環境發展史上，尤其值得一提的是七十年代的「生態運動」，這是一個具有廣泛羣衆基礎和參與的運動。人們以集會演說、遊行示威等形式抗議環境污染，向工業界和政府施加壓力和影響。在「生態運動」中，一部分人自覺改變奢侈的生活消費方式，節約能源、減少垃圾；一部分人努力探索未來的發展模式，研究如何改造污染嚴重的工業；更有一部分人積極參政，決心從上層解決環境問題。以生態與和平爲宗旨的綠黨成立於一九八〇年，僅僅三年時間就以五・六%的選票進入國會，充分表明了環境保護的深得民心。保護生態環境更是時代所趨，西德國會中各黨派都把這項工作作爲主要施政目標之一，社會民主黨尤其將「建立一個生態化社會」作爲一九九〇年國會大選的指導方針，環境保護正走向一個新的發展階段。

二、環境保護政策

1. 基本概念

環境是一個具有各種空間結構和多樣功能的整體，從人類角度來說，則是指與人類相關的空間與物質，即人類賴以生存的生態系統，是由空氣、水、土壤、動植物、自然景觀、氣候、建築物以及文物古蹟等組成。

環境保護的目的西德政府是這樣歸納的〔11〕：

——減少乃至消除已存在的環境損害；

——防禦對人類和環境的危害；

——將危及人類及環境的可能性降低到最小程度；

——爲人類後代和動植物保持和創造良好的生存空間。

要達到這一目標，政府應着重作好以下幾個方面的工作：

(1)及時掌握和正確評價環境現狀及發展趨勢，調查各種污染原因。

(2)制定環境法。

(3)注意經濟計劃與環保計劃的和諧，檢查各項經濟活動對環境造成的影響，即進行環境和諧性檢查。

(4)實施環境法。

(5)促進有益於環保的工業生產方法和科研，制定環境規劃。

(6)提高公民的環保覺悟。

西德的經濟形式是市場經濟，利潤是衡量一項經濟活動的重要尺度，爲減少經濟社會對環境保護的阻力，應力爭使環保參與經濟循環。一方面，政府通過各種途徑鼓勵資助有益於環境的工業技術的開發和利用，使其增強市場競爭力，以達到防止環境危害出現的目的；另一方面，政府對污染嚴重的產品和技術採用徵稅和罰款等措施給予限制，促使企業改變生產。一九八八年，西德的企業和國家機構用於環保的資金爲三五七億馬克，佔國民經濟總值的一・七%。環保開創了新的經濟領域，一九八八年西德環保企事業創造的價值達二四〇億馬克，就業人數超過十九萬〔11〕。由於有益環境的新技術開發，也使西德機械設備在國際上因安全可靠污染小而備受歡迎。環保政策除了在生產、就業、出口方面有顯著效益外，其主要收益則在於環境質量的改善，如能估算出其貨幣價值的話，一定會遠遠超出投資量，因此，環境保護從國民經濟與人類的長遠利益來看是非常必要的。

西德各項環保政策的制定與執行遵循三個基本原則，即預防原則、責任原則和合作原則。

(1)預防原則

預防原則是三個基本原則中最重要的一個。通過事先採取各種措施防止可能出現的環境危害，促使新技術、新工藝的產生。

(2)責任原則

責任原則引用了企業經濟學的費用計算方法。用於爲避免、消除或中和一項環境公害的一切費用應由相關的責任者承擔。此外，這個原則旨在消除建立在損害環境基礎上的不平等競爭。如果責任者無法確定或因爲其它原因而無法追究責任，因環境公害而造成的費用則例外地由公共社會承擔。

(3)合作原則

合作原則在於協調國家與社會在環保政策上的合作關係。這個原則也適用於國家機構各部門間、聯邦與洲之間以及國際間的合作。在一個環境問題上，只有經過社會成員的廣泛參與和合作，國家才能作出合理的決策，也使環保政策便於使人們了解和接受。社會成員通過合作，有利於提高保護環境的自覺性。

2. 環境法

作爲國家環境政策的核心，聯邦德國有一套相當完善的環境法制體系，依法律的權力層次和適用範圍的標準，西德現今的環境法可以分爲憲法＊、行政法、稅收法、刑事法、私有法。

＊這裏所指憲法，即「基本法（Grundgesetz）」。「基本法」實爲聯邦德國具憲法意義的國家根本法。——編者註。

法、訴訟法、國際法、歐洲共同體法，其中環境憲法和環境行政法是環境法的主幹，將在下面章節中詳細討論。同其他類別法律一樣，環境法具備形式上的引導功能，使環境政策發揮約束力。環保的目標、國家和個人的權力及義務在法律中都得到明確定義，因環境問題而引起的糾紛和矛盾能夠依照法律準則獲得解決。在物質方面，環境法有三種功能：其一是生存功能，保障人類能健康和人道地生活；其二是社會功能，保證人類在自然界中各種休養的可能性；其三是美學功能，保護環境的豐富多彩和美麗自然。

(1)環境憲法

環境法的生存功能、社會功能以及美學功能是在環境憲法中體現出來的。作爲法律的最高層次，憲法確立了環境保護的目的，授權於國家政府。在西德憲法中，環境保護還沒有成爲一個整體概念，是以其組成分支如自然與景觀保護、水源保護的形式而逐一得到確立的。實際應用中，人們把有關保護人類生存的自然條件的條目整理在一起，形成憲法中的環境憲法部分。憲法中諸如「保護人的尊嚴」（憲法第一條）、「公民有生活和身體不受侵犯的權力」（第二條）、「財產應受到保護」（第十四條）和「聯邦有權在自然保護、景觀維護、土地分配、空間和水域規劃方面制定有關法律和條例」（第七十五條）等條文，使環境保護成爲國家任務合法化。憲法不僅賦予國家環保權力，對權力分配、適行範圍、責任歸屬等問題也作出限定。例如在自然景觀和水源保護領域，聯邦一級政府只有權頒布一個框架法律，州一級政府可以根據本地特點制定出詳細的法律條文，聯邦和州頒布的環境法的具體執行基本在州一級政府機構，由環境部門、水利部門、環境警察等負責。憲法限定，制定和執行環境政策不能與現有的其他憲法發生牴觸，如確實無法避免侵權和侵財現象，則在實施環境政策時採取一定的補救辦法。

西德現代環境保護只有二十年的時間，同其他產業和學科相比，環保還十分年輕。環境憲法尚有缺陷，憲法沒能對整個環境問題作出恰當的歸納，甚至看不到「環境保護」這一名詞。按照現行憲法，國家有權從事環保，但國家並沒有義務把這項工作列入國家最重要任務之一，也就是說國家在環保上工作多少並不受憲法的約束。基於上述不足，現在的聯邦政府決心把環境政策作爲國家的任務及義務確定下來，計劃在憲法中補入「環境保護是國家重要目的之一」這一關鍵條文。

(2) 普通環境行政法

西德現行的環境法，絕大部分屬於公共法範疇的行政法，所以從狹義上講，通常所說的環境法就是環境行政管理法。環境行政法是憲法下一個層次的法律，涉及到環境每個領域，對相應的保護目的、方法和管理都有重要的法定。環境行政法包括普通行政法和專項行政法兩部分。普通行政法是廣義性法律，指導國家制定地區性環保計劃、建立環境管理組織、對一般環境問題的處理；而專項行政法則是就某一環境介質如水、空氣等或某一污染源、污染物制定的法律，適用範圍較窄。

普通環境行政法普遍適用於各種設施（機器、工廠、公共設備、車輛、工具等）的建造、使用、維修和銷毀過程，適用於各種產品和材料的生產、使用、運輸和消除過程，同時也適用於土地的使用和維護過程。例如「環境和諧性檢查準則」就是典型的普通環境行政法，「準則」指出：環境和諧性檢查的目的在於防止人類和動植物受到環境污染的危害，調理環境和經濟計劃間的關係。「準則」首先檢驗一項計劃是否會造成環境影響，檢查在無法避免環境危害情況下應採取的措施是否充分。

依照普通環境行政法，國家採用的管理方法如下：

①干預性措施：——規定環保的責任和義務
——徵收污染排放稅
——禁止性規定
——有利於環保的管制性措施

②促進性措施：——建立公共環保設施

——經濟資助有關項目

——公共諮詢和宣傳

——經濟補償辦法

⑶計劃性措施：——環境建設以及空間利用規劃

——批發環境許可證

⑶專項環境行政法

專項行政法是處理某一具體環境問題的專門法律。這方面法律和條文數量較多，涉及到環保的每個領域，比較重要的有自然與景觀保護方面的「聯邦自然保護法」和「森林法」，水域保護方面的「水資源法」、「污水排放法」和「洗滌劑法」，廢料消除方面的「廢料法」，空氣和噪聲方面的「聯邦防污染法」、「汽油含鉛法」和「飛行噪聲法」，防危險品方面的「化學製品法」和「DDT法」，原子能利用方面的「原子能應用法」。

由於專項行政法是針對某個具體問題制定的，所以能直接而深入地就這個問題的概念、應用對象和範圍、各方的權力和義務、解決辦法等方面作出回答，一切與此相關的環境保護都以這個行政法爲根據，勿須再從基本法或其他一般法律中引據論證，使相關的環境問題的處理簡捷而有效。設立專項行政法的另一個重要意義是在基本法和政府管理條例之間建起連接的橋樑。指導政府工作人員辦事的是政府管理條例，管理條例中規定的一些環境標準和政策會隨著技術的提高和環境質量的變化作靈活的調整，經專項環境行政法授權，管理條例便始終保持著法律效用。下面試舉兩例來說明專項行政法。

①「聯邦森林法」

制定這項法律的根據是基本法第七十五條中「聯邦有權就自然保護、景觀維護、土地分配、空間和水域規劃制定法律」和基本法第七十四條中「聯邦和州競爭制定有關農業和林業生產的法律」的條文。本法的目的是保護和增加森林儲量，維持林木的經濟和自然功能，肯定森林於氣候、水源、空氣淨化、土壤保護、景觀、農業以及療養方面的重要價值。「聯邦森林法」的干預性措施有：a.森林所有者有義務在森林區域內進行植樹和維護工作，允許其他公民出於休養目的的踏入。b.禁止未經官方許可而進行的砍伐和改變土地使用目的（如變森林爲農田）。c.建立森林區須經政府批准。d.政府有權出於公衆利益考慮將森林變成保護林、休養林。e.森林所有者有義務提供森林信息，准許國家對森林的普查統計工作。國家用經濟、交通、農業、社會保險、稅務上的資金支持森林的保護和經營是「聯邦森林法」中主要的促進性措施。此外，也對森林提出利用計劃方案。法律中還規定，執行此法的權力基本在各州屬有關部門，但聯邦政府必須每年向國會提交有關森林狀態和發展的報告。州一級政府頒布有關森林法的細則，負責具體執行，對於違反本法行爲分別給予不同的處理，如違反提供信息義務將作爲違章行爲課以罰款。

②「聯邦防污染法」

本法律是專爲防止空氣和噪聲污染而頒布的，其中對空氣污染是這樣定義的：自然空氣成分的變化，尤其是因煙氣、炭灰、粉塵、氣體、懸浮物、蒸汽或有氣味物質引起的變化均爲空氣污染。由於空氣和噪聲污染關聯面極大，況且空氣是無界的，必須由國家制定標準，所以便形成了今天全國統一的，以「聯邦防污染法」爲統領的三層次的法律、法規、條例。同「聯邦森林法」一樣，此專項行政法建立了概念定義、法律目標、適用範圍、管理措施、執行機構、違法處理等基本法律框架。在此之下，又有聯邦法規這一層次，將「聯邦防污染法」具體化。這種法規有十三個，如「聯邦防污染法第一號法規」是關於燃燒設備的，「聯邦防污染法第二號法規」是關於化學洗滌設備的，法規進一步縮小適用範圍，針對工業設備的技術性能和幾種重要污染排放標準作了具體的法定。因「聯邦防污染法」的適用對象和性質，使本法律成爲工業設備的計劃與製造的管理法律，也成爲政府管理空氣以及噪聲質量的指導法律。在法規之下聯邦頒布了第三層次的行政條例，指導政府主管部門工作，這種條例有兩個，卽「空氣保護技術標準」和「噪聲控制技術標準」。「空氣保護技術標準」的主要內容有工業設備審核批准的基本原則、空氣污染限度、污染排放限度、監測要求、空氣污染評價方法、污染擴散計算等技術細節。例如條例中二氧化硫的空氣污染限度年均不得超過○・一四 mg/m^3，短時不得超過○・四○ mg/m^3，這裏的短時量是指全年集合分布九八%的值。

3. 環境管理與科研

西德一九八六年成立的「聯邦環境、自然保護和核反應堆安全部」（以下簡稱聯邦環保部）是國家最高主管環境保護部門，負責擬定環境法、監督法律的執行情況、觀察環境發展狀態以及提出全國性的環境規劃。因爲環境保護是一項綜合性任務，涉及到許多部門（如經濟部、衞生部、交通部、農業部、科技部等），要由這些部門相應作出決策。爲了便於協調聯邦政府各部門的環境保護工作，政府成立了以環保部長爲首的由各有關部門參加的政府環境保護委員會。在聯邦環保部下設有直屬的聯邦環境局，擔負著除決策之外的具體管理工作：

——爲政府提供技術諮詢，

——對與環保有關的政府措施進行生態評定，

——建立環境資料信息庫，

——組織國家級的環境科研，

——國際間技術合作，

——向社會宣傳和解釋環境問題及政策。

爲避免政府決策的片面性和更好地吸收專家的意見，聯邦通過一條關於成立「環境問題專家委員會」的法律，成立了一個中立的、由各學科有名專家組成的專家委員會，負責調查和評價環境現狀以及發展趨勢，對現有問題提出解決辦法。因爲「環境問題專家委員會」學術面廣並且是中立的，能比較客觀地滙集各方面的知識和信息，因此享有非常良好的信譽和學術權威，是政府工作的一面鏡子。此委員會於一九七四、一九七八和一九八七年共發表了三次「環境評價」，成爲政府工作的重要參考文件。

聯邦德國實行的是聯邦制，聯邦下屬十一個州（包括西柏林）有相當大的獨立性和自主權，在一定範圍內有立法權，行政法的執法權基本都在州以及下屬機構，環境法也不例外。根據各地具體情況，州議會頒布州環境法、法規、條例，補充和細化聯邦環境法。由此形成的從聯邦到州的法律系統由州政府及下屬機構具體執行。爲便於各州之間在環境工作上的合作，組成了由各州以及聯邦環保部長參加的「環保部長會議」，此外還有其他部門的跨州委員會。

政府環境工作的另一重要部分是組織和資助環境科研，其主要目的是：

——系統地掌握環境污染情況，

——發明和應用適當的技術方法防止污染公害，

——爲環境規劃準備基礎材料。

爲此，聯邦政府每年支出三億馬克，以科研項目的形式分配給國家、工業界、大學等研究機構，如果某項環境技術一旦成功，卽可轉入工業應用。

4. 環境經濟學

環境經濟學是本世紀六十年代末隨著現代環境科學的發展而誕生的年輕學科，近年來迅速發展，成爲國家環境決策的重要理論根據。環境經濟學的意義首先在於擴大了傳統的國民經濟模式（見圖一），把自然環境因素納入經濟循環圈內，指出地球是一個有限的，幾乎封閉的物質循環系統，糾正了「大自然是取之不盡、用之不竭」的錯誤概念。在當今世界工業發達、人口稠密、原料緊缺和生態惡化狀況下，自然生態系統作爲經濟循環的一鏈變得非常脆弱，直接危及社會和經濟的發展、危及人類的健康生活。保護生態系統也就意味著保護社會及經濟系統，爲達到這一目的，國家可以限制自然資源的使用（途徑A），限制有害物質的排放（途徑B），改善和促進自然復原過程（途徑C）和提高廢料回收利用率（途徑D）。

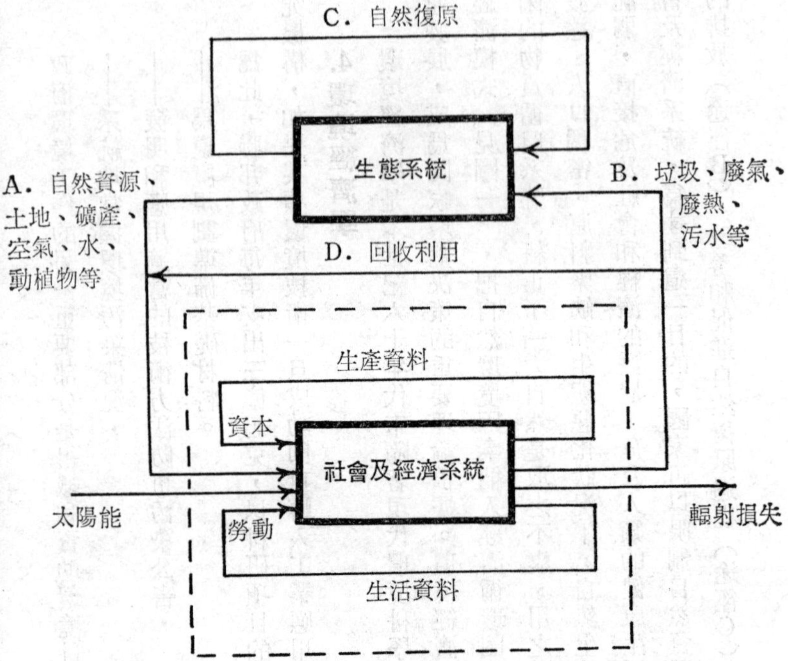

圖一 環境經濟學循環系統。虛線內部分是傳統國民經濟模式〔15〕。

在一個具體環境問題上，國家究竟採取哪些政策比較有利，就需要環境經濟學從經濟學角度作出回答。環境經濟學的任務集中在以下三個方面：

(1)計算出「最佳繁榮度」

繁榮這個概念包含了物質上的豐足和非物質方面的美滿。衡量一個社會的生活水準，不僅要看社會成員物質消費水平如住房條件、食品質量等，同時也要看非特質方面的水平如文化生活、自然環境等。非物質方面的自然環境對於生活意義十分重大，舒適清潔的自然環境爲人們提供生活、休息、體育、文化等方面的滿足。環境質量的改善往往需要在物質上作出一定的讓步，環境經濟學就是要處理好這一矛盾，使人們所獲得的物質豐足和非物質的美滿的總量最大，也就是達到「最佳繁榮度」。

(2)降低國民經濟費用

環境保護一方面需要國民經濟資金的投入，是一個消耗過程，而另一方面因環境質量的改善減少了國民經濟因環境公害而受到的經濟損失，節省了資金，是一個「贏利」的過程。經濟學設計以最小的環境投資去最大限度地減少污染造成的損失卽獲得最大的「贏利」的方案。

(3)諮詢作用

環境經濟學引用經濟學的費用和利潤分析方法，對環境政策和環境公害作經濟上的分析、評價和提出行政措施，調查環境保護對整個經濟的影響，調查環境政策與其他政策的相關性。

三、環境保護現狀

1.空 氣

空氣污染造成的損失是多方面的，目前人們還處於不斷認識中。在人類健康方面研究較多的是二氧化硫污染，能引起人的呼吸道疾病，例如在西德與東德、捷克交界地區因空氣中二氧化硫含量較高而使當地呼吸道疾病發病率爲一般地區的兩倍，尤其是兒童和老年人受影響最大。空氣污染嚴重損害了建築物，尤其是古蹟，僅此項損失西德每年失去十五億馬克。空氣污染危害主要表現在：損害人體健康、危害動植物、金屬和其他材料的腐蝕，建築物和古蹟過快地風化、影響氣候。據國際「經濟合作與發展組織」(OECD)估算，空氣污染造成的損失在其成員國中佔國民經濟總收入的三%到五%，對西德來說就是六〇〇到一、〇〇〇億馬克〔14〕！

在空氣保護方面，聯邦德國近年來取得了很大成功，政府實行的各項法律和政策促使重要的污染源如燃燒設備、工業設施、民用設備、交通車輛等明顯地縮減了排放量。從一九七〇年到一九八九年，二氧化硫每年總排放量由三八〇萬噸下降到一〇五萬噸，粉塵由一三〇萬噸下降到五三萬噸〔11〕，開始對環境質量產生影響（見圖二）。目前問題較大的是二氧化氮污染，從一九七〇年起工業方面通過改進技術縮減了一部分排放量，但在交通方面由於車輛總數以及平均馬力的大幅度上升，使二氧化氮排放量有所增加，在一九八七年達到二九〇萬噸〔11〕。

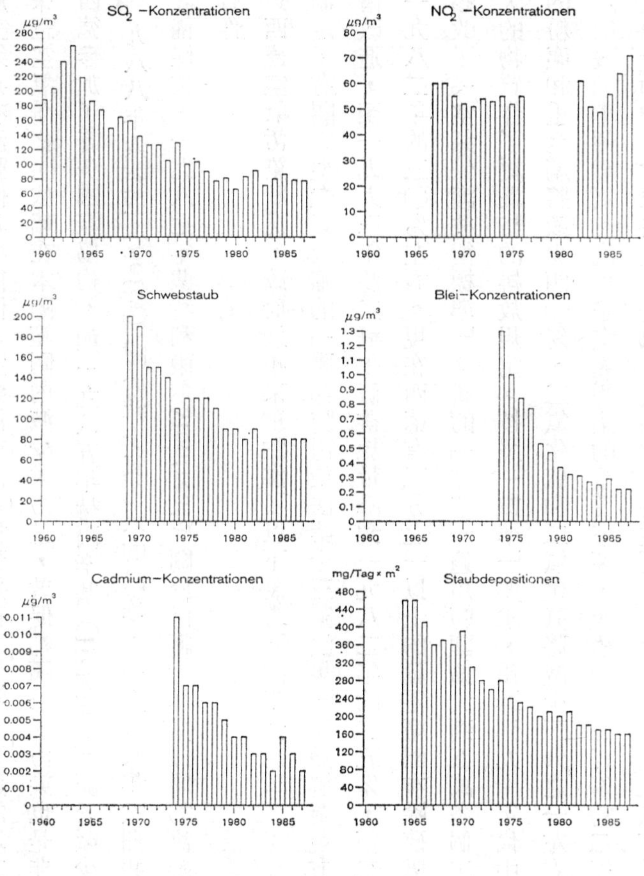

圖二　西德某一居民區從1960年至1987年空氣污染狀況〔7〕。

因爲空氣具有流動性和擴散性，空氣污染能轉移到幾百公里甚至更遠的地方，對於西德來說，保證空氣淨化除依賴在本國範圍內減少排污量，敦促鄰國降低污染也是非常重要的。因此，西德參加了許多國際協約，如一九八五年赫爾辛基（Helsinki）關於減少二氧化硫的決議，一九八八年索非亞（Sofia）關於減少氧化氮的決議，一九八八年歐洲共同體關於大型燃燒設備條例、一九八七年蒙特利爾（Montreal）關於保護大氣臭氧層的決議，積極推進國際間合作。

針對西德空氣污染狀況，政府近年來重點作了以下幾方面的工作（12）：

(1)制定了有關大型燃燒設備的「聯邦防污染法第十三號法規」。通過對現有大型燃燒設備的技術改造，至一九九三年將二氧化硫排放量降到一九八二年的二五%，使二氧化氮排放量減至一九八二年的三〇%左右。現在西德有三分之一以上的發電廠配有除硫吸收裝置。

(2)修改了「空氣保護技術標準」。新的「標準」適用範圍擴大到五萬多個工業設備，對危害較大的物質作了更嚴格的排放規定。按照「標準」要求，預計到九十年代中期，工業設備排放的粉塵和重金屬將減少四〇%、二氧化硫和二氧化氮將減少三分之一左右。

(3)限制機動車輛廢氣。汽車是空氣污染的重要來源，西德境內五五%的二氧化氮和三九%的碳氫化合物的排放源自汽車尾氣，是森林病害主要原因之一。通過在汽車上裝配「尾氣催化管」可使尾氣中有害物質減少九〇%，因此西德促成歐洲共同體統一行動，規定不同類型汽車安裝「尾氣催化管」的要求。目前西德國內生產的新汽車裝有可控「尾氣催化管」的比例已達到九〇%〔11〕。減少汽車污染的另一重要措施是推廣無鉛汽油的使用，通過稅收手段使無鉛汽油的價格低於加鉛汽油，並從一九八八年起禁止使用加鉛普通汽油。

(4)減少輕燃料油和柴油的含硫量。這條措施的目的是降低民用設備二氧化硫的排放。在修改後的「聯邦防污染法第三號法規」中將含硫量降到〇・二%，減少了三分之一。

(5)限制有機氣體的揮發。在西德，每年汽車燃料油從煉油廠到裝入汽車油箱中間環節便揮發掉十萬噸，污染尤其在稠密居民區較嚴重。政府準備制定一條法規解決這個問題。

(6)事故預防工作。這項工作在於減少各種危險品在製造、儲存、運輸、使用和消除過程中的風險，政府將修改「聯邦防污染法第十二號法規」，嚴格技術要求、改善檢查方法和申報責任，邀請有關專家評定，使設備可靠性進一步提高。

(7)協調國際間空氣保護工作，尤其是統一歐洲共同體內空氣保護政策。

(8)西德各州都備有「煙霧」(Smog)報警方案。「煙霧」是在污染排放集中、氣象條件不利情況下出現的嚴重空氣污染，能造成災難性後果。報警方案旨在避免出現倫敦式的「煙霧」災難，安排好應急措施。

一儘管在過去幾年中空氣保護取得了顯著進展，污染得到初步控制，但總的空氣污染水平仍然較高，加上自然界的蓄積作用，一些政策多年後才會見效，森林保護方面的情況就是一個很好的例子。西德森林自有統計的一九八二年起，受害面逐年擴大，僅一九八三年到一九八四年森林受害面積就由三四％遞增到五〇％，這一發展趨勢從一九八五年起才有所減緩，但在一九八八年森林受害面積仍高達五二・四％〔7〕（見彩圖一）。因此，空氣保護政策必須長期堅持。

2. 噪聲控制

噪聲是人們最容易感覺到的環境污染，公民提出的一半以上的環境意見都和噪聲有關。西德一九八六年統計表明，有三分之二的人深受公路交通噪聲之苦，二分之一的人受到飛機噪聲的干擾（見圖三）。噪聲對人體具有心理上和生理上的雙重影響，能影響植物神經和聽覺器官的功能，嚴重時能造成失聽。受噪聲干擾，人們很容易感到神經緊張、易怒、失眠，促發高血壓和心血管疾病。西德在噪聲控制方面，控制噪聲源尤其是通過改進設計減少噪聲，在制定建設計劃時及早注意到噪聲因素，促進和鼓勵隔絕噪聲。

公路交通噪聲控制是政府工作的重點，對各種車輛實行噪聲限制，促使生產者在設計製造過程中改進發動機和尾氣消聲管性能。在減少汽車機械噪聲的同時，國家努力改進公路質

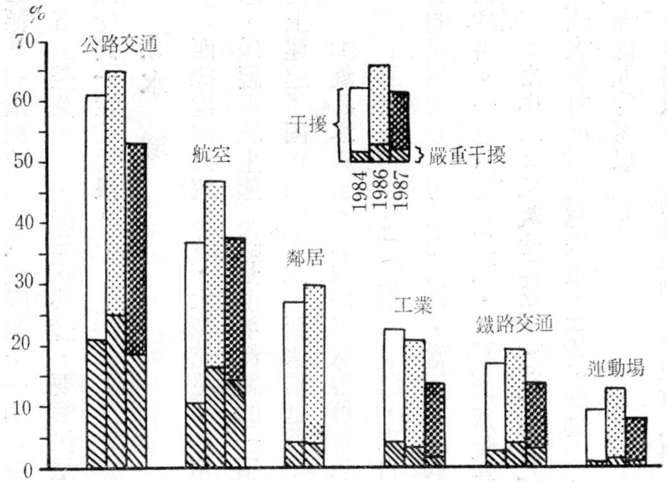

圖三　西德公民1984、1986和1987年受各種噪聲干擾情況〔7〕。

量，研究使用一種新型多孔柏油路面，降低和吸收車輪滾動噪聲。因爲降低汽車速度也能減小噪聲，所以在西德的一些城市居民區開始限制汽車速度（三〇公里／小時）。在某些情況下噪聲源無法控制，只能採用較被動的方法如設置聲障、安裝隔聲窗等。

飛機噪聲是噪聲污染的第二大原因，影響較重的主要集中在機場附近。因此政府採取了下列措施：(1)根據噪聲強度對機場附近的建築防聲標準提出不同要求；(2)規定有利的起飛和降落路線，儘量縮短低空飛臨居民區的距離；(3)減少夜間飛行次數；(4)從一九八八年起西德境內的民用飛機場只允許附合噪聲標準的飛機使用。飛機噪聲上一個比較棘手的問題是軍事演習的超低空飛行，由於西德在軍事上是英、美、法三國共管，要解決這個問題需多方協商，還要考慮軍事上的必要性，因此受到一定的局限。

3. 水域

西德境內河流衆多、水源充足，民用平均每人每天消耗自來水一四五升，保證水源供應、保護水域生態系統是環境保護的一項中心任務。爲監測水域污染狀況，西德在各主要河流上建起了固定的監測站，對水質進行下列項目的監測工作：

(1)氧氣溶解量。水體中氧氣溶解量能衡量水域自然淨化能力，當水溫十四度C時水中最多能溶解氧一〇 mg/l（毫克／升），來自空氣和水生植物的光合作用。遇到水質污染時，溶解的氧用於分解污染而消耗，當氧濃度低於二—三 mg/l 時，水中的魚類和其他生物就會受到危害。一九八〇年以來，氧氣溶解量在所有測量河段都保持在八 mg/l 以上的良好狀態。

(2)生化五日耗氧量（BSB_5）。BSB_5是指水中微生物五天內分解有機物所消耗的氧氣量，顯然水體有機污染越嚴重，BSB_5就越大。工業和民用廢水經過生物化學淨化處理後，BSB_5可降低九〇％以上。

(3)磷酸鹽。磷酸鹽無毒性但有肥料作用，能同水中硝酸鹽一道促發水藻徒長而危害水質。據估計，西德水域中的磷酸鹽有五九%出自民用廢水（二五%因爲含磷洗滌劑）、一五%來自工業廢水、一〇%由於雨水沖刷土壤帶來、一五%則存在於其他排放水中。有效控制磷酸鹽含量必須限制其使用和排放（如減少洗滌劑的含磷成分），在污水處理中進行磷酸鹽沈澱處理。

(4)**硝酸鹽**。限制硝酸鹽除防止水體中水藻徒長，也是爲了保護飲用水源，硝酸鹽在還原條件下能轉化成對人體有害的亞硝基。按照歐洲共同體現行條例，表面水域硝酸鹽只有低於二五 mg/l（NO_3）時才可以用於飲用水的製備。

(5)**氯化物**。水體中鹽分含量通常可以用氯離子濃度來衡量。氯化物水溶性良好，無法通過污水淨化方法分離，近年來在水域中沒有變化，如在萊茵河中游保持在一〇〇mg/l（Cl）左右。

(6)**重金屬**。水體中重金屬能夠危害水生物進而阻礙水的自然淨化過程，如通過魚類進入人類食物鏈還會危害人體健康。排放水中的重金屬主要來自工業，比較常見的是汞、鎘和鉛。

(7)**有機氯化物**。許多有機氯化物是在工業生產流程中作爲副產品產生的，其中有幾種已證明有致癌作用。

在水域保護方面的重要法律是「水資源法」、「污水排放法」和「洗滌劑法」。通過建設衆多的公共污水淨化設備以及工業內部深化污水處理等方法使流入水域的有害物質開始減少。目前西德九一・七%的居民生活廢水經過專門管道排出，已經對八三・二%的居民廢水採用生物化學方法進行處理〔12〕。在社會各方面的共同努力下，西德水域在過去十幾年中得到顯著的改善。比較一九七五年和一九八五年西德水域質量分布圖（見彩圖二、三）可以看出，政府的二級水質（弱污染）目標已在許多河段實現，尤其是萊茵河水域質量改觀巨大。水質的改善爲水生物創造了良好的生態環境，在萊茵河水體中，僅微小生物種類就由一九七一年的二十七種上升到一九八七年的九十七種〔19〕。

當前水域保護的主要問題是水體中危險物質載荷如難分解的毒性有機物和重金屬還偏高，水生物的營養物質氮和磷含量較大，地下水受到一定的威脅。聯邦政府於一九八六年對前面的三個有關水域保護的行政法作了如下修改：

(1)法律定義了一個「現時技術水準」概念，是國家公認的技術和工藝水平，工業企業必須按照法定的「現時技術水準」的限度排放污水，「現時技術水準」的提高也卽意味著更加限制污水排放。

(2)修改後的「污水排放法」更好地利用了稅收手段，從經濟上引導工業進行污水處理。

依照法律，重金屬汞、鎘、鉻、鎳、鉛和銅與危險品氯化有機物的排放都在稅收之列。一個企業如採用先進技術使排放量低於法定標準，可以獲得減稅優待。

(3)規定洗滌劑生產者須向聯邦環保局提供必要的產品信息，尤其是對水質有污染性的物質組成。

(4)洗滌劑中普遍使用磷鹽的替代品，磷鹽使用量已從一九七五年的二七・六萬噸減少到一九八八年的四萬噸。磷鹽的一種替代品硝基乙酸鹽（Nitrolotriacetat）對水質可能有影響，現正在深入研究中。

按照修改後的有關水域法律要求，僅減少水中磷酸鹽和硝酸鹽就需要投資一五〇億馬克，其中工業企業要承擔六〇億馬克。為保證水域質量，除限制工業污水外還必須有效控制農業中農肥和農藥的使用，避免污染地下水。政府希望儘快使更多的表面水域達到二級標準（弱污染）。近期內，西德將就保護北海和東海（北歐公海）問題加強與鄰國合作，就易北河（Elbe）污染與東德和捷克成立一個三邊委員會，提出拯救方案。

4. 土地

土地和水、空氣是自然界最基本的介質，農業和林業生產、水源蓄積和過濾、礦產開發、居住和經濟以及自然生態都離不開土地。據一九八五年統計，西德國土面積有五四・五

%用於農業生產、二九・六%是森林、一一・八%是水域面積、一・六%是沼澤灌木叢和草地等，人類居住、經濟和交通佔地一一・六%。過分的使用和污染使土壤受到嚴重的損害，土壤酸化、有害物質蓄積，城市以及交通用地破壞了土地的自然結構，農業生產的高強度使用影響了水源和水質，森林等植物層損害，動植物種類減少。

至八十年代初，西德在土地保護方面沒有專項和直接的政策及法律，與土地問題相關的有一些農業、林業法律，化學品法等。國家沒有有效的法律和行政措施控制土地污染、風化和水土流失，污染土地的事故經常發生，尤其嚴重的是環境污染重心開始由水和空氣方面向法律保護薄弱的土地方面轉移。據歐洲共同體資料，土壤中重金屬鎘的含量從一九三〇年至今增加了一・五倍，這一變化再經過食物鏈最終影響到人，使人體腎部鎘的蓄積量增加了四倍。對土地的破壞首先是工業和交通用地對土壤最直接的損害，化學藥品、垃圾廢料以及農業使用的化肥和農藥都造成土地的污染，其次是污染間接地通過空氣或水的媒介作用傳遞給土地（如酸雨）。

爲及早改變這一局面，西德政府於一九八五年提出了一個綜合保護土地方案，歸納現有的法律中與土地相關部分加以適當修改，意在建立一套以保護土地爲目標的行政條例，例如通過修改「聯邦防污染法第十三號法規」以減少使土壤酸化的二氧化硫排放，在「植物保護法」中禁止危害土地和地下水的農藥使用。

現在土地保護工作的當務之急是儘快制止因土壤污染而引起的食物鏈有害物質積累，防止土壤變化對地下水的影響，首先要控制重金屬、酸、不易分解的有機物以及農藥和化學溶劑對土地的污染。因爲現有的法律和條例還不能保證對大面積土地的保護，聯邦和州正在討論是否有必要建立一個獨立的土地保護法。

5. 自然與景觀

西德人民有著熱愛自然，漫步旅行的傳統，保護自然與景觀最易得到人們的支持，因此是最早開展的環境保護項目，其目的是保護自然的生態功能，保護自然的使用能力，維護動植物以及自然景觀的多樣、獨特和錦秀。現在的西德自然與景觀保護主要受三個法律指導，即「聯邦自然保護法」、「聯邦物種保護法規」和「聯邦森林法」，具體實施是在州以下政府機構。

保護自然與景觀首先是從建立自然保護區開始的，保護區按照保護強度分成不同類別。一級自然保護區是保護最嚴格的一種，通常情況下禁止踏入；國家公園屬於對旅遊開放的保護區，區內禁止一切採集和狩獵活動，區內的生態系統和景觀一切聽憑自然；景觀保護區中允許農、林業活動；自然公園同景觀保護共屬一個保護級別，允許出於療養目的而進行一定的開發。建立不同程度的保護區是必要的，既考慮到自然與景觀保護又照顧到經濟使用的利益。目前西德有近三分之一的國土屬於任何一類的自然保護區，但受人口、農業、工業、旅遊、交通等壓力，一級自然保護區只佔國土的二%。一級自然保護區受人類活動影響最小，是動植物比較理想的生態環境，但要使動植物能自然生存和發展，尤其是對動物，保護區必須具有足夠大的面積。在西德四、九二二個（一九八五年數據）一級自然保護區中，有四九%小於二〇公頃，七一%小於五〇公頃，只有九%是大於二〇〇公頃的一級自然保護區，多數保護區面積過小是一個突出的問題。自然與景觀保護的一項中心內容是保護物種，特別是瀕於滅絕的動植物種類。儘管自然保護區爲動植物提供了一定的庇護作用，但仍然無法改變由於人類活動和環境污染而造成的物種日益減少的趨勢。西德在一九七七年公布了一個「動植物紅名單」，列出本國國土上已知的生存受到威脅的動植物種類，根據受危害程度分作五等：

〇等——已滅絕或失蹤，

一等——瀕於滅絕，

二等——受到嚴重威脅，

三等——受到危害，

四等——潛在危害。

從「動植物紅名單」上可以看到物種受害已十分嚴重，在二、四七六種羊齒和花卉族植物中就有二八%的種類受到三等或更嚴重的危害，脊椎動物中有一半以上受到二等危害。

造成物種損害有多種原因，常見的是動植物生棲地受到侵害。現代化的農林業對土地的深度開發使田地間隔地帶、邊緣地段、池澤、灌木叢、荒地被鏟除，野生動植物生存的生態圈就這樣消失了。此外，河流拓寬、河岸維護以及水域污染嚴重威脅到水生動植物。

從政府工作的角度，西德政府一面嚴格執行環境法，將自然與景觀保護政策滲透到農業、林業和交通政策中去，另一方面採取積極態度，促進生態圈的重建，爲此聯邦一九九〇年出資二千萬馬克，用於保護和恢復沼澤低窪地、河岸地、灌木叢和乾草地。此外，西德注重國際間合作，參加了諸如北歐保護海岸動物行動、華盛頓物種保護協議、阿爾卑斯山會議等。由於自然與景觀是一項綜合性環境保護議題，除了合理規劃出良好的保護區，避免人爲的侵害，還必須保持潔淨的空氣、水、土壤等基本條件。環境污染不解決，動植物就得不到眞正的保護。

6. 廢料消除

廢料是一個廣義的概念，在「廢料法」中的定義是一切可以移動的物品，其所有者希望丟棄掉或出於公共利益必須消除掉;消除廢料包含收集、運輸、處理、堆放、掩埋等概念。廢料種類很多,有工業廢料、污水廠淤泥、城市垃圾,有固體、液體也有多孔海綿體。一九八五年西德的廢料總量大約爲二五〇・一Mio.t(Mio.t=百萬噸),其中一一七・九Mio.t是建築土方、七五・一Mio.t是礦山廢碴、二七・四Mio.t是家庭垃圾、二七・一Mio.t是工業廢料、二・六Mio.t是污水處理廠淤泥〔1〕。建築土方和礦山廢碴與土壤性質相近,作一般堆放處理卽可,不會產生污染問題;但家庭垃圾、工業廢料和淤泥由於成分複雜,大多含有污染物質,必須作不同的處理。因此廢料消除的難題就是這後一部分廢料,尤其是在西德這樣一個人口稠密、國土有限的國家,對廢料不可能作簡單的堆埋處理,而必須儘量地縮小體積、進行無害處理。消除家庭垃圾過程中,六四・五%堆埋、二九%燃燒處理、二・三%製造有機肥料、四・二%回收再利用〔14〕。

現在西德的「廢料法」全稱是「關於避免和消除廢料之法律」,從法律的名稱可以看出廢料消除方面的根本原則。首先應儘可能避免廢料的產生,縮小垃圾山,其次是爭取廢料再利用,最後是對廢料作好無污染的消除。爭取廢料回收利用作爲一條行政指令適用於所有廢料造成者,政府規定凡符合以下客觀條件則必須回收利用:一、技術上可行;二、回收利用相對其他消除方法費用適中;三、回收利用的廢料有市場或可以產生市場。這條指令在家庭垃圾處理上已開始見效，許多市、區建立了回收利用系統。普遍觀點認爲，建立大規模的廢料中心處理系統對於材料回收（如紙、玻璃、鐵）和有害物質消除，從輻射面、連續性和技術性角度都比較有利。從廢料中還能分離出有機肥料，剩餘部分能燃燒產生熱能，既消除了有害有機物又大量縮小了廢料體積。燃燒處理後的廢料作一般的堆埋卽可。

「廢料法」授權政府監督和管理廢料標明、分類消除、退回和回收，政府提出具體的目標和方案以避免廢料產生，有權使生產者、銷售者承擔消除廢料的責任。目前，西德對五種產品採取跟蹤管理方法，取得了比較好的經驗，以下略作介紹：

(1)電池製造者及進口商保證逐步減少電池含汞量，零售商願意免費回收舊電池，電池工業參與消除舊電池的工作並承擔適當費用。

(2)禁止舊機器油與其他有害廢料混合，機器油出售商免費回收同樣量的廢機器油。

(3)限制酒瓶封口鉛皮的使用，這種產品的使用者應向聯邦環保部提交縮減使用鉛皮計劃。燒酒和香檳酒行業已積極響應，葡萄酒行業因涉及大量進出口，要在歐洲共同體範圍統一行動。

(4)飲料包裝要儘力減少廢料產生。聯邦環保部規定了多次性押金瓶的比例，同時提高一次性用瓶的回收率。

(5)廢舊紙的回收利用有節約木材（保護森林）和減少廢料雙重環境意義。

西德造紙工業一九八五年利用廢舊紙約四〇〇萬噸，其中八十萬噸是從家庭垃圾中回收的。政府計劃到一九九二年將家庭垃圾中廢舊紙回收量提高到一五〇萬噸（家庭垃圾中共有廢舊紙量約為三三〇萬噸），要保證這一計劃實現，必須採取一切辦法作好廢舊紙的收集和處理，努力開發市場，鼓勵使用。政府的這項計劃已獲得造紙工業和商業的支持。

「廢料處理技術標準」是以「廢料法」為根據的行政管理條例，負責具體定義廢料處理設備（如廢料燃燒、廢料堆放）的技術標準，規定不同廢料種類的相應處理方法。

7. 其他分支

聯邦德國的環境保護內容還包括核反應堆安全及放射性保護、食品防污染和危險物質防護三個分支。

核反應堆安全及放射性保護主要集中在核電廠的安全運行和核廢料的安全消除上。西德一九八九年在運行核電站共二十四個，總功率為二二五、二四〇MW（MW＝兆瓦），一個核電站在建，五個已停止使用〔7〕，原子能發電佔總發電量的三四％〔18〕。以「原子能應用法」為中心的各項法規和條例管理著核電廠從計劃、建設、運行到檢測、核廢料消除等環節的安全工作，基本都是行政指令性措施。一九八六年蘇聯切爾諾比（Tschernobyl）核事故發生後，西德重新檢查了所有核電站的安全技術措施，加強了食品核輻射污染檢查，同時號召國際在核安全方面的合作。

環境污染能通過對食品的直接污染（如飲用水）和食物鏈中有害物質的蓄積而進入人的食品，損害人類健康，比較重要的污染物有重金屬（鉛、鎘、汞）、有機氯化物和硝化物。西德在食品防污染方面的法律是「食品及用品法」以及引申出來的行政條例，根據食品衞生學的知識限定食品中有害物質的最高含量，判斷食品污染程度。由於現在統計數據尚不完整，無法對整個西德公民受食品污染影響作出結論。

危險物質是指能對人體、物品和自然產生危害的物質，因爲其種類繁多、影響和作用各異，許多尚未被人們所了解和掌握，所以危險品防護是範圍廣泛且繁瑣的工作，其部分工作已包含在空氣、水域、土壤保護工作中。這項工作集中體現了西德現代環境保護以預防爲主的指導原則，因此儘管困難重重，政府仍十分重視。危險物質防護總體方案可分成三個步驟：

(1)限期禁止使用。如禁止使用 PCP, PCB, PCT, VT, DDT, 在一定時間後禁止使用 FCKW。

(2)限制和管理，規定有害物質的使用範圍，最大含量以及消除方法。如對農藥、有機溶劑採用的管理方法。

⑶新產品生產和投入使用管理。新產品必須經過檢驗和評價才能進入市場。

四、環境保護的宣傳和影響

1.環境保護的宣傳和教育

從七十年代的民意測驗中可以看出，環境保護對西德公民變得越來越重要，但當時的社會經濟問題如工作保障、退修養老保障和物價上漲對公民來說意義更大。進入八十年代，人們對環境保護的認識有了根本性提高，一九八四年的一項調查表明，環境問題，尤其是森林病害被認爲是僅次於失業率的大事。多數人認爲，國家和政府應優先考慮環境問題，即使因此可能造成物價上漲，經濟增長放慢。

西德公民對環境保護的覺悟首先應歸功於新聞界的宣傳。不僅專業和科學書刊，大衆化新聞媒介、電臺、畫報、雜誌等都爭相報導有關環境問題的內容。新聞界是最有效的環境啓蒙教育工具，一時間環境問題家喻戶曉，人人關心。人們的環境保護認識逐漸轉變成自覺行動，如自覺參加分離回收舊瓶子、廢紙和舊電池的活動。自行車重新成爲時尚，房屋建造和採暖的節能措施也是公民自覺行動的一項。市、區等基層政府直接組織了一些有意義的活動，如收集家用化學用品垃圾，限制汽車而鼓勵使用自行車，冬季公路防滑不再撒鹽等。聯邦、州以及環境保護團體的宣傳工作不只局限於擴展和加深公民的環保知識，而是更進一步介紹如何自覺行動。爲配合宣傳，聯邦政府印發了大量的宣傳品，諸如小册子、張貼物、展覽品、圖片、專業信息書籍等。

每年六月六日的「環境日」在環境宣傳和教育方面起到了良好作用。「環境日」前聯邦和州政府協商出一個重要環境議題作爲「環境日」的重點，例如就有「汽車與環境」（一九八〇年）、「結束丟棄習慣」（一九八一年）、「與噪音鬥爭」（一九八二年）、「環境保護從家庭做起」（一九八三年）、「保護岸邊的自然環境」（一九八四年）等題目出現。環境團體組織把每年九月最後一個星期日定作自願參加的「無汽車星期日」，以使公衆注意汽車對環境的污染，宣傳儘量不使用私人小汽車，柏林則在「無汽車星期日」舉辦傳統的馬拉松長跑活動。

尤其值得一提的還有「環境標誌」活動。西德政府從一九七七年起設立了這項活動，意在使消費者明顯區別出有益於環境的產品，在這些產品上印著聯合國環境保護的標誌——藍色天使圓形圖案。目前已有二、六五〇種（一九八八年數據）產品標有「環境標誌」，從回收紙製成的筆記本到無 FCKW 成分的固髮膠，從無石棉剎車墊片到低汞的鋅電池，各門各類，促使顧客作出有利於環境的選擇。

環境教育成爲學校教育的一部分，與傳統科目生物（「生態系統」）、化學（「空氣」）、地理（「其他國家的環境問題」）、物理（「能源」）、宗教（「全球的環境問題」）很好地結合起來。中學每年用二十到二十四個學時從事環境教育。此外，在西德約九〇〇個成人業餘教育學校裏都開設了有關生態或能源的專題班。一九八八年，有三個環保方面的技術職業被聯邦正式承認，這三個職業是「國家考核淨水製備技工」、「國家考核廢水處理技工」和「國家考核城市清潔技工」。環境科學作爲自然科學的一支也進入高等院校，西德現有四十六所大學的九十七個專業和五十一所高等專業學校的七十三個專業是環境科學方面的專業〔17〕，以柏林工業大學爲例，該校的環境工程系中設立了工業聲學、空氣保護、給排水和廢料處理四個專業。

2.關於「消費社會」向「生態社會」轉變的思考

環境保護工程是工業社會對自然挑戰的回答，人們不禁要問，這次是否還同以前人類發展史上的各種危機一樣被人類戰勝？前景並不樂觀，人類在這個問題上是界於失望與希望之間！

傳統經濟的目的是最大限度地滿足人的物質需求而不考慮自然環境的影響，不考慮未來的生產條件和生活條件，當今我們的社會就是這樣一個「消費社會」。要滿足這個「消費社會」能長久存在，地球應當是無限大，可以提供無窮的原料，可以容納無窮的廢料和其他污染。但現實的物質世界是有限的，人類消耗和污染已經遠遠超過地球的復原再生能力，這種情景繼續發展下去，世界很快會有一日耗盡，人類最終也毀滅了自己，因此「消費社會」是沒有出路的。尤其是在當今世界人口密集、能源緊缺、環境污染等重要問題中越發使人對前景感到失望。

環境保護促發了人們進行一場深刻的反思，科學與技術只能減緩「消費社會」的危機，但不能從根本上解決問題。有人提出用生態學的觀點去改造社會，改變人們固有的追求消費的價值觀念，把「消費社會」轉變成「生態社會」，其根據是環境經濟學的循環系統（見圖一）。「生態社會」是要建立一種自然世界能自我維護、良性循環、經濟與環境和諧的社會，在此基礎上保證物質文明的不斷提高。西德許多科學家和政治家進行了大膽的嘗試，在否定今天一些生產與消費方式的同時，提出很多改良性新方式，例如在農業方面不使用農藥和化肥的生產方式又開始恢復，重新研究和嘗試中國傳統的生態農業模式，如用桑樹葉養蠶、蠶糞養魚、魚塘淤泥培植桑樹這樣一個良性循環。建立「生態社會」是全體公民的事情，人人都要樹立一個正確的生態觀念，只要看看我們周圍，其實有許多沒有必要的消費和污染是可以避免的。環境保護最終成功與否取決於我們的社會能否儘快完成從「消費社會」到「生態社會」的轉變！

相較於其他國家，聯邦德國在環境保護問題上是比較成功的，我們是否也能從中吸取一點經驗呢？

參考書目

1. Peter Meroth; Konrad von Moltke. *Umwelt und Umweltpolitik in der Bundesrepublik Deutschland.* München 1987.
2. Friedrich-Ebert-Stiftung. *Umweltschutz in beiden deutschen Staaten.* Bonn 1985.
3. Klaus-Georg Wey. *Umweltpolitik in Deutschland—Kurze Geschichte des Umweltschutzes in Deutschland seit 1900.* Opladen 1982.
4. Edda Müller. *Innenwelt der Umweltpolitik.* Opladen 1986.
5. Arnim Bechmann. *Öko-Bilanz.* München 1987.
6. Deutsche Gesellschaft für Umwelterziehung e.V.. *Modelle zur Umwelterziehung in der Bundesrepublik Deutschland.* Kiel 1988.

7. Umweltbundesamt. *Daten zur Umwelt 1988/89*. Berlin 1988.
8. Umweltbundesamt. *Behördenführer—Zuständigkeiten im Umweltschutz*. Berlin 1983.
9. Der Rat von Sachverständigen für Umweltfragen. *Umweltgutachten 1987*. Bonn 1987.
10. Egmont R. Koch. *Die Lage der Nation 85/86*. Hamburg 1985.
11. Bundesminister für Umwelt, Naturschutz und Reaktorsicherheit. *Umweltpolitik—Umweltbericht 1990 des Bundesministers für Umwelt, Naturschutz und Reaktorsicherheit*. Bonn 1990.
12. Bundesminister für Umwelt, Naturschutz und Reaktorsicherheit. *Umweltpolitik—Bilanz des Bundesministers für Umwelt, Naturschutz und Reaktorsicherheit*. Bonn 1987.
13. Bundesminister für Forschung und Technologie. *Umweltforschung und Umwelttechnologie-Programm 1984-1987*. Bonn 1984.
14. Bundesminister des Innern. *Was Sie schon immer über Umweltschutz wissen wollten*. Bonn 1984/85.

15. Lutz Wicke. *Umweltökonomie*. München 1982.
16. Peter-Christoph Storm. *Umweltrecht*. München 1981.
17. Bundesminister für Bildung und Wissenschaft. *Umweltbildung in der EG*. Bonn 1989.
18. Presse-und Informationsamt der Bundesregierung. *Umweltpolitik—Chancen für unsere Zukunft*. Bonn 1990.
19. Bundesminister für Umwelt, Naturschutz und Reaktorsicherheit. *Der Schutz unserer Gewässer*. Bonn 1990.

三民叢刊11 12

中央社的故事

周培敬 著

六十年來，中央通訊社一直在中國新聞界的發展上扮演著重要的角色；從建立全國性的電訊網，收回外國通訊社發稿權，見證八年抗戰，親歷臺灣經濟奇蹟，目睹了退出聯合國，中央社一遍遍的做下時代的紀錄。它寫著這些年的歷史，從而也把自己寫進了歷史之中。

三民叢刊13

梭羅與中國

陳長房 著

美國作家梭羅以其《華爾騰》（或譯《湖濱散記》）一書呼喚人們在日常更深入的生活，創造更有意義、更爲快樂的生活，而聞名於世。其對生活的態度正與中國的孔、孟、老、莊思想有相契之處。作者陳長房先生層層爬梳，探究其間的關係，並論述了梭羅的作品及思想。透過這跨文化的比較，也許正可幫助我們在濁世中尋覓桃源。

三民叢刊14

時代邊緣之聲

龔鵬程 著

時代的邊緣人，不是無涉於世事的出世者，他只是退居在時代激流之旁，以讀書、讀人、讀世自遣，以文字聊爲時代留下些註腳。本書即是以時代邊緣人的心情自謂而做的記述，偶或玩世不恭，亦曾獨立蒼茫，但終究掩不住其對時代的關切及奮激之情。

三民叢刊15

紅學六十年

潘重規 著

本書爲「紅學論集」的第三本，集中討論紅學發展，及列寧格勒《紅樓夢》手抄本的發現報告及研究。作者於《紅樓》眞旨獨有所見，歷年來與各方論辯之文章，亦收錄於書中，庶幾使讀者一窺《紅樓夢》之眞意所在，及紅學發展之流變。

三民叢刊16

解咒與立法

勞思光 著

近來臺灣的社會力在解除了身上的魔咒之後，一時四處噴發，整個社會因而孕育著新生和希望，也充滿了騷動和不安。勞思光先生以其治學的睿智，剖析社會紛亂的眞象，指出：「解咒」之後，必須「立法」，亦即建立新的規則，若在這一步上沒有成果，則所謂「進步」亦失去意義。値得吾人深思。

三民叢刊17

對不起，借過一下

水晶 著

「對不起，借過一下！」要借的是：在舉世滔滔，資訊爆炸的年代，各人心靈上的一點空間，來容納書中帶來之感性與理性的淸涼。本書爲作者近作之散文及評論的合集，散文率從生活小事著墨，筆觸輕靈動人。評論主要針對張愛玲、錢鍾書二氏之作品，亦抉其幽微，篇篇可誦。

三民叢刊18

解體分裂的年代

楊渡 著

隨著歷史的前進，臺灣的生活方式由農業生活轉入了工業社會，生活方式的改變也帶來了社會結構，包涵政治、經濟等方面的結構解體、分裂，與重組，而重組的路究竟通向何方？改革？或是革命？作者近來年著力追尋改變的軌跡，肯定了改變的根源來自民間，其路向也該朝向人民的需求。書中文字即紀錄了作者追尋過程中所注意到的種種現象，期能透過對這些現象的反省，從中得到記憶的力量。

國立中央圖書館出版品預行編目資料

德國在那裏？：聯邦德國四十年／郭恒鈺・許琳菲等著.--初版.--臺北市：三民，民80
冊；　公分.--（三民叢刊）
ISBN 957-14-1775-0(政治・經濟篇：平裝)
ISBN 957-14-1776-9(文化・統一篇：平裝)

1. 德國—歷史—1945-

743.26　　80000728

 德國在那裏？

—聯邦德國四十年

（政治・經濟篇）

著　者　郭恒鈺・許琳菲 等
發行人　劉振强
出版者　三民書局股份有限公司
印刷所　三民書局股份有限公司
地址／臺北市重慶南路一段六十一號
郵撥／〇〇〇九九九八——五號
初　版　中華民國八十年四月
編　號　S 74006
基本定價　叁元壹角壹分
行政院新聞局登記證局版臺業字第〇二〇〇號

ISBN 957-14-1775-0（平裝）